健身房运营之道

如何做好健身行业的客户经营与客户体验

【荷】赫尔曼·罗格斯（Herman Rutgers）、简·米德尔坎普（Jan Middelkamp） 主编

王琪、祖颖 译

人民邮电出版社

北京

图书在版编目（C I P）数据

健身房运营之道 ：如何做好健身行业的客户经营与客户体验 / （荷）赫尔曼·罗格斯（Herman Rutgers），（荷）简·米德尔坎普（Jan Middelkamp）主编 ；王琪，祖颖译. -- 北京 ：人民邮电出版社，2017.9（2023.4重印）
ISBN 978-7-115-46767-6

Ⅰ. ①健… Ⅱ. ①赫… ②简… ③王… ④祖… Ⅲ. ①健身运动—运营管理—研究 Ⅳ. ①G811

中国版本图书馆CIP数据核字(2017)第203467号

内 容 提 要

近几年，中国健身行业发展迅猛，由此带来的机遇是巨大的。然而目前国内大部分健身俱乐部都面临一个问题——会员流失率高，只有不停地招揽新客户，才能维持经营。作为健身场馆的老板和经营者，该如何解决这个问题？如何才能让人们接受并坚持健身行为，而不是半途而废？

本书针对以上问题，给出了一些解决方案。全书由 7 位健身及企业管理领域的专家所著，解析了健身行业的客户经营与打造客户体验的关键要点，并剖析了 11 家知名健身俱乐部的成功运营案例，能够帮助健身场馆的老板及经营者提高留客率，提升公司业绩。

◆ 主　　编　[荷] 赫尔曼·罗格斯（Herman Rutgers）
　　　　　　简·米德尔坎普（Jan Middelkamp）
　译　　　　王　琪　祖　颖
　责任编辑　裴　倩
　责任印制　周昇亮

◆ 人民邮电出版社出版发行　　北京市丰台区成寿寺路 11 号
　邮编　100164　　电子邮件　315@ptpress.com.cn
　网址　http://www.ptpress.com.cn
　北京捷迅佳彩印刷有限公司印刷

◆ 开本：700×1000　1/16
　印张：10　　　　　　　　2017 年 9 月第 1 版
　字数：112 千字　　　　　2023 年 4 月北京第 16 次印刷

著作权合同登记号　图字：01-2017-5602 号

定价：68.00 元

读者服务热线：(010) 81055296　印装质量热线：(010) 81055316

反盗版热线：(010) 81055315

广告经营许可证：京东市监广登字 20170147 号

目录

序一

客户经营（Customer engagement）是健身行业非常突出的一个问题。很多健身场馆经营者和私人教练都非常注重招揽新客户，然而，只有留住新客户，健身场馆的经营才能长盛不衰。

健身馆会员流失率非常高，健身行业应该怎么做，才能让人们接纳并坚持健身行为，而不是半途而废呢?

本书由全欧洲知名行业专家共同编著，解析了有关留住客户的一些关键要点。书中广泛收集了行业专家的专业知识，并展示了健身行业可以从其他市场领域的成功企业学习哪些经验。

欧洲健康和健身市场增长迅速，到 2016 年，健身俱乐部会员数量已增至 5 240 万，年营业额增至 267 亿欧元。当被问及为什么热爱运动时，最常见的两种回答是：1. 为了更健康（62%）；2. 为了更健美（40%）。

然而研究表明，只有半数开始指导式锻炼的会员能够坚持完一整年。导致这种结果的原因众多，但是我们面临的挑战是如何解决这个问题，也就是说，健身行业能够做些什么，不仅可以招揽更多的客户而后续还能将这些新客户留住并成为长期的会员。

本书的作者们拥有丰富的客户经营与客户体验的经验，并在这一领域做出了巨大的贡献，推动了健身行业的进步，我在此对他们表示感谢。

越了解健身客户的健康行为模式，我们就越有机会更好地履行 EuropeActive 的使命，即鼓励人们以“更积极、更频繁、多参与”的态度加入到健身队伍中。

阅读愉快！

娜塔莉·思美曼

EuropeActive 执行董事

关于 EuropeActive

EuropeActive 是位于布鲁塞尔的一个欧洲协会组织，致力于提供达到欧盟（EU）水平的有关健身、体育活动和身心健康领域的独特见解和倡议，目标是“更多人，更积极，更频繁”。

序二

这些年来，有关客户经营和客户体验的方法已经发生了巨大的变化。客户至上已是最起码的要求，尤其是在当今这个世界，客户每天面临可选的产品丰富多彩，要求也更为苛刻，并且数字化革命彻底改变了我们选择、购买以及体验产品和服务的方式。

如今，客户有多种方式与企业互动。除了传统渠道，例如商店、网站和电话，客户现在还可以使用社交媒体、文字、在线聊天以及其他通信媒介来与企业粘连，在客户与企业之间建立最直接的关系。在这样的大环境下，为了管理客户体验，以达到日益挑剔的客户的预期，企业需要保持创新，反馈迅速，预备充分。

对于健身行业，能够吸引人的客户体验是增加会员人数并最终提高利润的关键。这里的关键词是“能力”和“创造力”。只有在组织机构的所有层面（经理、员工、教练、销售助理等）都具备能力和创造力时，我们才能够满足和吸引客户，尤其是那些对我们的产品和服务特别了解和关注的客户。这对于以吸引并留住更多的客户为共同目标的制造商、技术开发商和经营者实现双赢是一个极佳的机会。

在泰诺健（Technogym），我们开发了个性化的产品和解决方案，为每个客户提供独特且有吸引力的体验。这从一开始就是我们关注的重点：从 1996 年启动 Wellness System（世界上第一个管理会员训练计划的软件），到 2003 年我们的 Excite 有氧训练设备与电视的完美整合，再到 2007 年第一款连接互联网的设备，以及 2012 年的第一个开放云平台。

客户至上

我们一直追逐的目标是，在室内与户外健身活动中打造极富吸引力且高度个性化的终端用户体验；我们一直信守承诺，致力于推广公司自成立之初就积极倡导的全面健康概念，让更多的人采取这种生活方式。

我们要以客户为策略的核心内容，提供极具吸引力的创新解决方案，增加积极锻炼人群的比例，让他们成为新的健身会员。这是我们健身行业所面临的一次巨大机会，尤其在以年轻的“千禧一代”为主体的背景下，他们拥有不同的交流方式和不同的期望，带来的变化也是不同的。因此，我们非常荣幸能与 EuropeActive 及 EHFF 共同合作，支持本书的出版。

尼里奥·亚历山大

泰诺健和健康基金会主席

序三

当本书中文稿呈现在我面前时，我的心头掠过一阵激动。此次国药励展与欧洲健身行业协会合作促成了本书的出版，将它于此次盛会之际呈现给国内的健身房管理者，虽是“他山之石”，却是继“FIBO CHINA”之后我们为健身行业的发展献上的又一攻玉利器。

自 2014 年国药励展第一次将 FIBO CHINA 引入中国之始，我们便与欧洲健身行业协会和协会董事赫尔曼先生开展了深入合作，在积极促进全球顶尖的健身俱乐部管理者、健身管理专家与中国的健身产业从业者进行深度交流，以及分享欧洲在健身俱乐部经营管理和创新方面积累的丰富经验方面取得了很多进展。我们为国内从业者提供了大量参观、考察的机会，从理论到实际进行了深度交流，为国内从业者开拓了视野，也开拓了思路。

本书凝聚了全球顶级俱乐部高管的经验与智慧，将大量成功经营案例娓娓道来，从经营者和客户两个维度分析了国际健身行业面临的机遇和挑战。对健身行业从业者来说，这本书是一次弥足珍贵的“私教课程”。

今后，我们将一如既往地通过 FIBO CHINA，为广大健身行业同行提供贸易、教育、体验为一体的国际化综合平台。希望通过长期具有前瞻性的行业教育，以及行业优质人才的培养，与大家一同推动健身产业蓬勃发展。与此同时，我们将不遗余力地传播时尚健康的生活方式，让更多的人投身健身产业。

没有一家企业能在一夜之间强大，唯有匠心不负，砥砺前行。真心希望每个从业者都能从本书中受到启发。

胡昆坪

国药励展董事总经理

CHINA

上海国际健身与康体博览会

国药励展

Reed Sinopharm

Exhibitions

Member

通过ISO9001质量体系认证

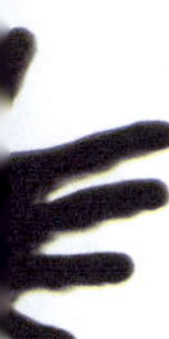

第1章

健身行业的客户经营与客户体验：挑战与策略

第 1 章 健身行业的客户经营与客户体验：挑战与策略

路易斯·韦特

1.1 简介

本章讨论健身行业面临的一些挑战，并给出一些策略作为可能的解决方案。

从最为振奋的一个挑战开始，我们要制定一个管理方法，鼓励客户更专注于他们的健身房或健身俱乐部。第二个挑战则是需求的两极化。行业的新趋势、精品健身房的崛起，以及与客户一起设计互动流程与时间点，从而更为积极和周到地响应客户需求。

1.2 客户经营

客户经营的关键在于管理团队在客户和健身会所之间建立信任和彼此尊重。除非客户感受到一种持续不断的互惠，即双方都知道自己会从增长的忠诚度中获益，否则，信任不会存在。

目标是在健身会所与其客户群之间的关系中建立很多潜在的互惠互利，形成所谓的共生关系，即改善关系对双方都是有利的。

客户经营所涵盖的范围广泛。希望建立高度客户忠诚度的健身公司必须赢得两场重要战役。第一场战役是“信任”，也就是让客户买入。例如，这意味着客户十分清楚用以提升个人健身状况的方法所带来的益处，健身会所因其专业而赢得尊重，并且客户认为取得的进步是双方共同努力的结果。

第二场战役涉及让客户找到“归属感”。

这可以解释为让客户喜欢上健身会所的品牌和工作人员。这种关系让双方有一种情感上的共鸣，客户会因为认同工作人员而希望成为健身会所群体中的一分子。当客户觉得这里的人懂他们、倾听他们、尊重他们的习惯，并且当他们在健身会所中能让自己现在的或期望的个性得以展现时，客户就会自然而然找到归属感。

如果赢得了这两场战役，健身会所就很有可能提高客户的忠诚度，而这是由于客户对会所有了特殊的情感。这里的忠诚度从以下四个主要方面来进行客观评价。

1. **拓展会员资格**

   健身行业的客户流失率无疑是相当高的，而这也表明，还有很多事情可以而且必须做得更好。一些连锁健身会所私下承认，会员年流失率高达 50%，这意味着平均会员期限只有两年（客户期限 =1/ 流失率）。因此，我们面临的挑战是让健身会员的期限与其他行业齐平，例如保险行业，其客户流失率大约为 20%。

2. **提高从每位客户身上获取的年收益**

可以给客户提供很多附加服务，例如设计一些套餐，刺激他们增加消费。当客户认识到会所的与众不同，以及好的健身方案对自己生活的重要性时，他们对价格的敏感性就有可能降低。

3. **促进积极的推介宣传**

市场营销最有成效的方式莫过于在亲朋好友之间推销。健身会所应该通过社交媒体进行促销，举办特别活动，展示真实效果等。

4. **获取客户反馈，以促进流程改进、完善绩效管理和创新**

这种反馈应该不仅来自于被动接收，而且应该通过非正式谈话、讨论组、面谈等方式，主动地去寻找反馈。

可以说，上面介绍的这四点对于会所的自然成长是至关重要的。在很大程度上，这是前面提到的共生的真正要义。

目标是在健身会所与其客户群之间的关系中建立很多潜在的互惠互利，形成所谓的共生关系，即改善关系对双方都是有利的。

1.3 需求（以及供应）形成分化：1/4/10 法则

市场日趋分化。具有普通功能和价格的中端市场受到高端和低端市场的挤压。人们普遍认为，高端和低端市场可以提供更具创新的产品和服务体验，从而为客户创造更多感知价值。

在消费市场中，经常会提及 1/4/10 法则。此法则表明，需求会依据法则特定的价格范围满足供应。价格范围 1 被称之为市场价格或基础价格，也被称为低成本。

下一个有趣的交叉点出现在 4 倍基本价格处。这是高端市场。这个市场有其自身的特质和诀窍，因为如何激励客户花 4 倍的价格去购买核心功能与低端基本价格会所相差无几的服务，似乎没有那么简单。

法则的最后一个交叉点在 10 倍基本价格处。这是奢侈品市场。同样，这个市场的存在源于良好的品牌定位、创造大量的

简单策略

第一个 30 天介绍

研究表明，如果会员经引荐进入会所，并很快结识了一些朋友，那么他们很可能成为愉快的长期会员。如果他们第一个 30 天至少每周两次来会所健身，那么他们就很可能继续坚持这种模式，并最终达到他们想要的结果。如今很多会所在新会员刚加入时会给他们发送电子邮件，并每周提醒他们，激励他们开始锻炼。

案例研究 01

Basic-Fit
可转让的家庭会员资格

很多会所（截至2016年12月31日，已有419家）为会员提供可转让的会员资格，不仅主会员可以用，其直系亲属也可以用，这带来了会员忠诚度的提高。Basic-Fit的会员资格可以转让给居住在同一地区的家庭成员。唯一的限制是，一次只可以一个人来会所健身，且两次健身时间间隔最短为1小时。

这种独特方式所带来的结果就是，大约25%的会员将会转让会员资格。对于多数客户来说，这种选项成为一种推介的机制，可让其他家庭成员购买另外的会员资格，以便一起健身。事实上，这形成了一种伙伴系统，有助于坚持锻炼和提高客户忠诚度。

无形资产、构建令人向往的生活方式等一系列因素。存在 4 类细分人群：一类喜欢购买奢侈品，他们的虚荣心是关键；一类擅长从低端产品中鉴别好品质；一类喜欢时不时地欢庆聚会；还有一类喜欢通过健身来打造自己引人注目的模范形象。

在消费市场中，经常会提及 1/4/10 法则。此法则表明，需求会依据法则特定的价格范围满足供应。

目前，致胜的法宝就是刚才提到的三个方面：基本价格的产品没什么特色，重在技术和营销；高端价格的产品会精心打造客户体验；奢侈产品有显著的特色、绝对的私密性，并提供知名教练。

第一个价格范围在于量，客户多，利润低。对于另外两个价格范围，问题在于追逐合理的利润和专业化的服务。

未来形势更复杂的是“中端市场”，其价格正如前面比例所显示的，介于 1 ~ 4 之间。当前趋势是中端市场萧条，这不是健身领域独有的现象，在其他经济领域也同样存在。

为何客户不再能够从定位于提供中端价格、质量和服务的会所发现感知价值？答案就是创新。我们似乎发现，低成本的健身会所和高端定位的精品健身房更加富有创新。

1/4/10 法则可能还未能描述欧洲健身行业目前的形势，但是可能会给我们一些未来发展的线索。在健身行业，这个法则导致的结果是：低成本 20 欧元 / 月，下一个价格范围（4 倍）是 80 欧元（这被称之为高端市场），10 倍价格即为 200 欧元 / 月。

目前，欧洲健身会员资格每月的平均价格大约是 40 欧元。所以说，健身行业目前的法则可能是 1/2/5 法则。此行业在不久的将来有望达到 1/4/10 吗？我觉得是的，我自己现在为每周两节私人教练课程每月支付 300 多欧元。

1.4 了解健身行业的最新趋势

一项美国运动医学院 2016 年关于全球健身趋势的调查（ACSM，2016）指出了客户期望其健身会所提供的 20 项功能（参见表 1.1）。

这个趋势列表近些年一直保持得相当稳定，但是现在，在用作医疗 / 康复治疗的团体训练和锻炼中，出现了两个新的小变化。

这个列表得到了行业专家的认可，他们发现了这些项目在其会所中日益增长的重要性。因此，该列表揭示了其会所的客户价值和客户需求。这些元素很多会被包含在成功产品和服务体验的设计中，并且将为健身行业的创新提供沃土。

案例研究 02

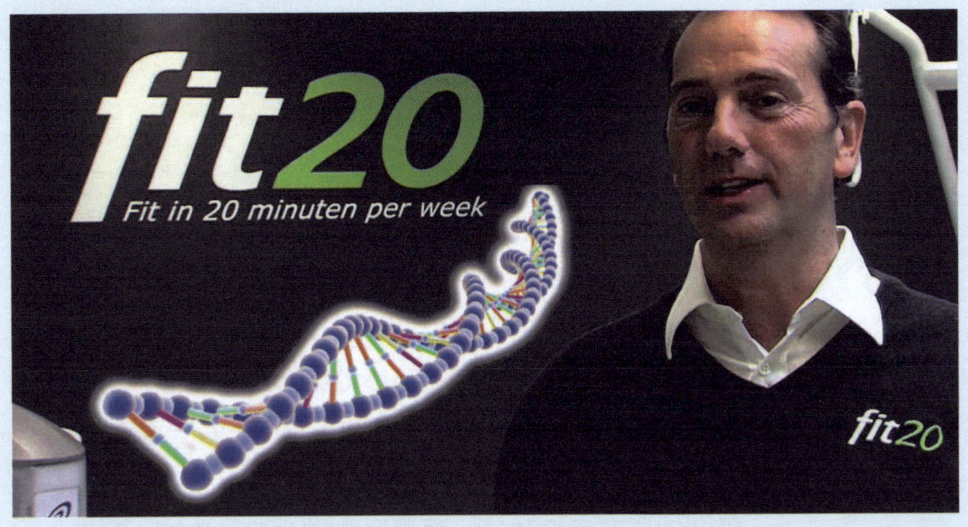

fit20
高强度个人训练，在 40 岁以上人群中挖掘新客户

fit20 是每周 20 分钟的高强度个人训练。fit20 训练只是一两个人的锻炼，并且总是要与私人教练事先预约。健身馆属于精品风格，其环境温度凉爽，客户无需换衣和沐浴。客户每周的进步都记录在 fit20 iPad 小程序中。客户会通过电子邮件定期收到进步的视图展示。结果显而易见，且有些出乎意料，可以访问网站和 Facebook 查看那 100 多条真实评价。

这些特征意味着，其主要 40 岁以上的 fit20 客户群各不相同，但都很忠诚，人员包括商人、出租车司机以及从医生到需要康复训练的人士。fit20 的教练为客户营造了周到贴心的个人体验，这些客户因此会在自己的社交圈中宣传 fit20，包括社交媒体和工作圈。40% 的 fit20 客户来自于直接推荐介绍，20% 来自于专业网络。另外 10% 来自免费宣传，剩余的来自谷歌、Facebook、广告传单、（互联网）广告和赞助。

fit20 健身馆的留客率平均达到 80%，有如此之高的留客率的原因在于 7 大特征对客户忠诚度和客户体验的影响。fit20 专营权现在已覆盖荷兰的 100 多家健身馆（包括一些跨国公司的几个工作健身馆）、比利时的 5 家健身馆，并且最初的 fit20 健身馆已经同时在英国、卡塔尔和澳大利亚营业。

我们知道，获胜的关键并不太在于“*什么*”（列表中要求的项目），而是在于对“*如何*”“*为何*”“*谁*”和“*何时*”的智能管理。一个好的管理团队，其任务是实现所有这些要素的共生整合，并将它们转换成绝妙的客户体验。良好的服务体验对每个人都是难以忘怀的，并且往往会预先让客户以更高忠诚度的形式形成双方的互惠互利。巧妙地结合几大趋势，有助于设计差异化产品，在高端及奢华定位的市场中占有一席之地。

重要的并非单个功能，而是吸收融合这些功能，打造一次流畅和富有成果的体验。这些需求应该是分区段的，并且应该具有其他常规健身会所无法满足的特定需要。

表 1.1

健身趋势（ACSM，2016）

趋势 2014	趋势 2016
1 高强度间歇性训练（HIIT）	1 穿戴式技术
2 体重训练	2 体重训练
3 受过教育的/有经验的专家	3 高强度间歇性训练（HIIT）
4 力量训练	4 力量训练
5 运动和减肥	5 受过教育的/有经验的专家
6 个人训练	6 个人训练
7 针对老年人的健身计划	7 功能性健身
8 功能性健身	8 针对老年人的健身计划
9 团体个人训练	9 运动和减肥
10 瑜伽	10 瑜伽

1.5 精品会所的涌现

高端和奢华定位的健身俱乐部通常也包含所谓的精品健身房，一般具有以下特征。

- 300 ~ 500 m^2 的小场馆，位于其目标区段所在的居住区或工作场所附近。
- 高度专门化，偏重于某一种活动或训练模式。旨在获得效果和最大程度的定制服务。
- 以小团体形式训练（积极性），通常配有更高水平的教练。
- 普遍具备功能性训练器材。
- 密集使用技术。

精品会所现象将在第 4 章中进一步探讨。

基本上，这些场馆具有有限的固定成本（例如场所及设施），所以他们能够重点投资在目标客户真正期望的功能上。按哈佛商学院弗朗西斯•弗雷的说法是，“这些场馆所做的是，相对于注重价格的竞争对手，在给定区段最具价值的属性上打造优势差异。”如果这个过程成功，那么他们可以吸引现有客户和不接受低价会所价格优势的新客户，从而创造出新的市场分类。

团体训练和高强度训练日趋受到追捧。这可能是由于，比起枯燥的单独训练，团体训练更有吸引力、更有趣，带给客户的动力更大。此外，高强度训练能够提供快速的实际效果。

例子有很多，其中一个例子就是西班牙正兴起的燃脂健身概念。这个名字本身清楚地表明，目标客户首先追求的是结果。

通过密集使用技术，他们实时向客户提供有价值的信息（燃烧掉的卡路里数、基于最大心率的完成量的百分比以及完成任务的得分），所以客户对自己正在实现的结果有了更加直观的视图。

分段管理的一个重要方面是，避免在提供服务的同一地点放置有冲突或相互差异明显的区段。

一些精品健身馆一开始只是小型竞争者无法与大型连锁健身馆进行价格竞争而提供的差异化体验，现在已成为市场中的一个新的分类。精品健身馆这种专业化发展，是我们称之为分段管理的有趣例子。

分段管理的一个重要方面是，避免在提供服务的同一地点放置有冲突或相互差异明显的区段。我们现在知道，部分服务体验来自于一起共享会所、器械和更衣室的其他人，因此，客户越加同质，他们就会对服务体验越加满意。

1.6　情感观察是一种改善客户关系的方法

要设计致胜的客户体验，推荐使用一种叫作情感观察（empathetic observation）的方法（参见图 1.1）。背后的思想相当简单，我们的职责是加深客户记忆，让他们还会回来。令人印象深刻而持久的莫过于情感所打造的回忆，也就是客户在享受服务时的感受，无论积极还是消极。

这种方法让我们关注引起客户情感响应的真实时刻，以及该响应是消极的还是积极的。有时，这个过程用于设计和管理无意中客户感觉不好产生的反应。

消极情绪反应经过累积，会产生裂痕并妨碍良好的客户经营。归根结底，健身中心的工作不是销售会员资格，而是赢得

图 1.1

客户的情感观察。

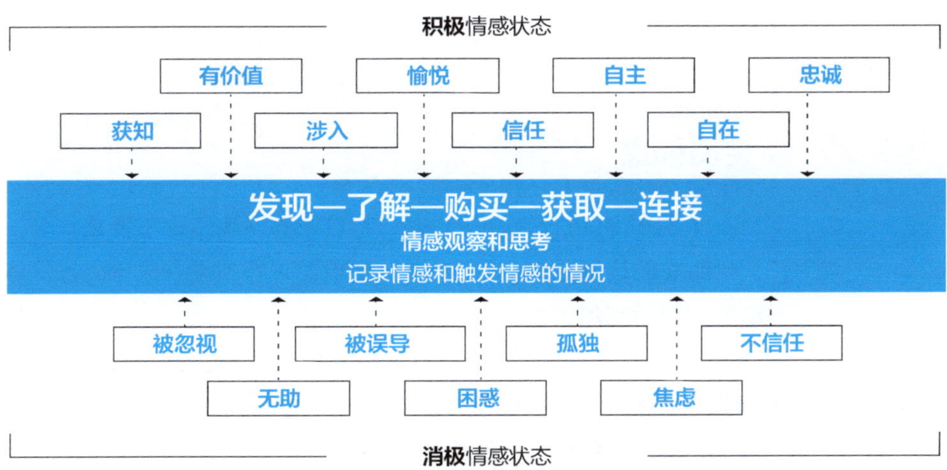

客户。这意味着要创建让双方都感到舒适，想要一起合作共赢的关系，从而让会所可以长期运营下去。

情感观察法的设计是为了让组织更加意识到客户互动的积极和消极情绪的影响，然后制定一个行动计划，以减少产生负面情绪的时刻，增加产生积极情绪的时刻。

我们的记忆记录与情感有关的时刻。不幸的是，积极一消极影响未必是对称的。根据马里奥·洛萨达的研究成果，至少要三个积极情绪效应才能抵消一个消极情绪效应，然后让情感回归平衡。

很多情绪反应是由接受健身俱乐部员工的服务接待所决定的，但也有其他来自于等待时间、洁净度以及我们被所有感官处理得出的任何其他因素。健身俱乐部经理应该对客户通过五种基本感官所接收到的信息保持敏感，也包括来自他

简单策略

新会员信息

为了提供新客户所需的服务，帮助他们达到想要的结果，一定要拥有适当的信息。这不仅包括诸如姓名、地址、电子邮件、手机号之类的普通信息，还有关于一些问题的信息，例如他们想要的训练结果主要是什么，是想要减轻体重，感觉更好，练就肌肉，还是准备参加马拉松等。他们喜欢自己单独锻炼，还是喜欢团体训练等。

们的直觉和认知。

1.7 小结

为了维持与客户的持续关系，至关重要的一点是，一定要提供一种服务体验，让客户愿意支付的心理价位超出其价格。客户愿意支付的心理价位与健身馆所要求的价格之间的差距，就是本章所介绍的驱动客户忠诚度的因素。如果健身俱乐部还能在价格与向客户提供服务的单位成本之间取得一个稳定的差额空间，那么这将保证他们未来有好的发展。正如通常说到的，关键在于我们设计和交付特殊概念和体验的想象力和意愿。

1.8 参考文献

ACSM (2016). Worldwide Fitness Trends Survey.

第2章

客户经营与战略之创造客户之旅

第2章 客户经营与战略之创造客户之旅

简·米德尔坎普和赫尔曼·罗格斯

2.1 简介

健身俱乐部的客户之旅通常短暂且曲折。例如，一项对两个欧洲健身连锁店中 259 355 名前会员进行的过往调查显示，其中 19.5% 的人在 24 个月的会员期内从未去过健身俱乐部或参加任何健身课程（米德尔坎普等人，2016），10% 的人在连续 6 个月内每月至少参加 4 次健身锻炼，只有 2.3% 的人在头两年没有中断过定期健身。健身之路尤其曲折，因为 50% 的前会员曾经中断过一个月后又重新开始，31% 的人曾经中断过两个月后又重新开始。

在另一个名为“花钱不健身”（德拉维尼亚和马尔门迪尔，2006）的研究中，对美国 3 家不同健身房的 7 978 名会员在三年内的合同选择以及每天是否锻炼进行了分析。拥有一个月会员资格并需要每月交纳 70 美元以上的会员，平均每月进行 4.8 次锻炼，每次平均支出 17 美元。锻炼一年后仍然选择续约的会员中，月度资格会员的比例比年度资格会员高出 18%。如果选择按天计费，这些人在会员期内能够节省 700 美元。总而言之，健身俱乐部的会员都会高估自己锻炼的频次。

健身行业在不断探索改善客户经营和体验的方法策略。不同的角度和模型可以用来更好地帮助我们理解这个问题，并且选择吸引客户的策略。例如，从健康行为的角度来看，我们可以选择大量的科学数据模型。为了给客户经营提供广阔的思路，本章会简要介绍几种不同的角度，用来在客户之旅中提供一系列方法策略，从而吸引更多的客户。首先，我们先简单参考一下另外一个行业的客户经营和客户之旅。

2.2 出租车行业：不断变化的客户经营和客户之旅

健身行业并非唯一一个客户之旅不断变化的行业。旅行社行业（线上预订服务的出现）、餐饮行业（线上预订和点餐）还有出租车行业，都在经历着客户之旅的迭代发展。本节将着重展示出租车行业变化的客户之旅。

当今，如果你需要打车，通常只需要站在街边招手即可。在许多城市，出租车会显示已经载客（亮红灯），避免其他人无谓的招手。搭乘过程基本没有任何特殊个性化服务，只能听司机选择的音乐，也没有线路控制或反馈，通常使用现金支付，当然也有可能使用更加现代的信用卡。

健身俱乐部的客户之旅通常短暂且曲折。例如，一项对两个欧洲健身连锁店中 259 355 名前会员进行的过往调查显示，其中 19.5% 的人在 24 个月的会员期内从未去过健身俱乐部。

案例研究 03

Fitness Hut
一个高性价比的品牌

Fitness Hut 是葡萄牙的一家健身房，提供世界一流的健身体验且价格亲民。超过 50% 的会员从未使用过健身房，而其他的会员则是为了更好的设施或更低的价格从别的健身房转来，这其中甚至有很多都是专业级别的运动员。

目的很单纯，就是健身。Fitness Hut 的会所提供大面积的场地，均提供跑道、奥运级别的重量练习平台、大型综合锻炼区，同时拥有传统的对抗和有氧运动设施。定制健身在 Fitness Hut 极为流行，每个会所均有 18 ~ 25 名私人教练为会员提供服务。

S PT TENS PELO
OS DE TENTAR!
GETPERSONAL.PT

所有的新会员都可以进行初始测评，并且可以下载 Fitness Hut 训练应用程序，如果选择私人教练，该程序还可以为会员预订训练项目。

私人教练将竭力服务，保证让健身会所充满活力！会员置身其中也将感受到运动的节奏并全身心投入锻炼。

Fitness Hut 每小时都提供 4 种不同的 10 分钟课程，例如腹肌锻炼、拉伸、功能性锻炼和高强度间隔训练等，教练会邀请在健身房内的会员参与其中。这些小课程成效显著、趣味横生，拉近了会员间的距离，而且只需要待在健身房内即可。

每周大约有 90 堂现场教学和 90 场虚拟训练课堂。首席执行官尼克·库茨评价说："客户流失比例确实很高……但通过执行最低要求的年度合同，以及平均只有 10 欧元的入会费，零门槛加入和退出机制，每月有 25% ~ 30% 的入会成员实际会重新续费的，我们事实上提供了更加灵活的健身方案，大家非常喜欢，在我看来，这证明了我们选择的正确。

"我们每月都进行调研，对会员们离开的原因和满意度进行追踪。我们也对会员周期的长短进行调查，这项数据表现在不断增长中，成熟会所的会员周期甚至能够超过 12 个月。"

我们如果将传统的出租车行程和近期的行程相比，很容易看出发生了实质性的变化。表2.1将一段行程分为4个简单阶段：叫车、接客、行驶过程和支付；讨论了行程中的4个重要因素，即特点和优势、相关人员的联系、提供的信息和互动。

通过分析出租车行业客户之旅的各个阶段的特点和优势，我们显然可以看出，能够及时获得服务、多种选择和认为出租车能够及时到达的信任对于客户来说最为重要。接客过程迅速、简单，行驶舒适、安全且快速，而多数客户希望支付手段多样（现金或信用卡），并且希望司机没有耍花招。

例如，优步极大地改善了上述的客户体验。使用应用程序，根据上车地点准确地选择车辆，并且随时查看该车的到达时

表2.1
出租车行业客户之旅变化概览

阶段	特点和优势	联系	信息	互动
叫车	是否能够使用、选择、信任	客户发起	地点	费用等
接客	快速和简单	地点	价格透明	次数透明
行驶	舒适度，安全，快速	街道，路线	电视+信息	播放自选音乐
支付	选择，信任，控制	付给司机	发票明细	快速，例如通过电子邮件

间。客户还能查看支付进度，优步提供的发票会列明订单的详细信息，包括路线、费用等内容，同时能够在极短的时间内完成支付（参见图 2.1）。

在旅程中的联系、信息和互动方面，现在的客户有更多的选择。行驶过程中，越来越多的出租车提供了路线信息，取得了更多的客户信任，通过蓝牙技术，客户可以选择自己喜欢的

图 2.1
优步的发票示例

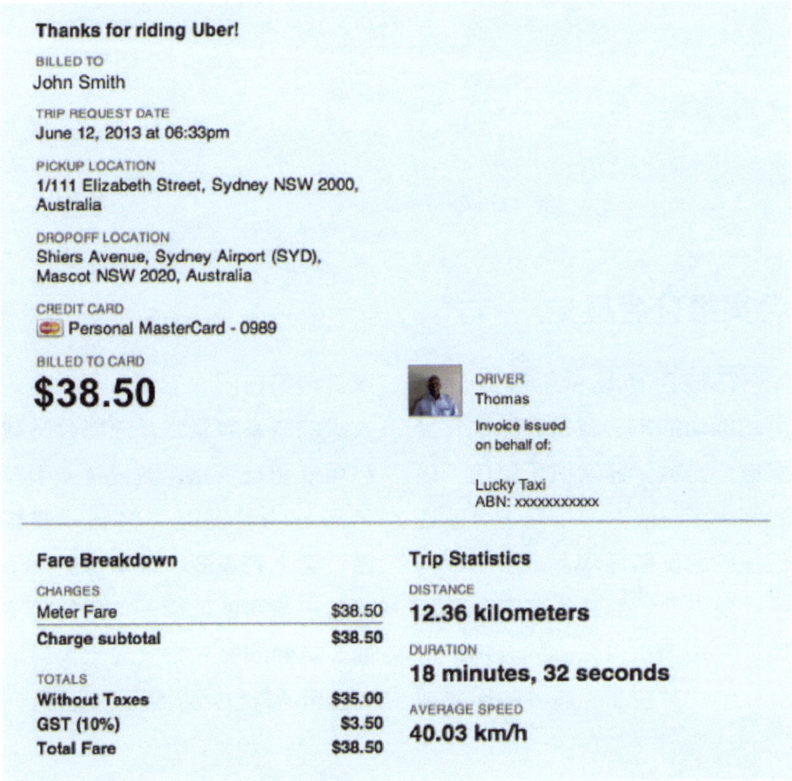

Thanks for riding Uber!

BILLED TO
John Smith

TRIP REQUEST DATE
June 12, 2013 at 06:33pm

PICKUP LOCATION
1/111 Elizabeth Street, Sydney NSW 2000, Australia

DROPOFF LOCATION
Shiers Avenue, Sydney Airport (SYD), Mascot NSW 2020, Australia

CREDIT CARD
Personal MasterCard - 0989

BILLED TO CARD
$38.50

DRIVER
Thomas
Invoice issued on behalf of:

Lucky Taxi
ABN: xxxxxxxxxxx

Fare Breakdown

CHARGES	
Meter Fare	$38.50
Charge subtotal	**$38.50**
TOTALS	
Without Taxes	**$35.00**
GST (10%)	**$3.50**
Total Fare	**$38.50**

Trip Statistics

DISTANCE
12.36 kilometers

DURATION
18 minutes, 32 seconds

AVERAGE SPEED
40.03 km/h

音乐，而非被动收听司机选择的电台。这些选择都改善了行程中客户的体验。

2.3 服务角度

健身行业可借鉴其他服务行业的经验，运用所谓的服务质量或差距模型来提升客户经营、服务和体验的水平。通过描述 5 种可能的差距，该模型分析得出影响提升健身俱乐部客户经营和体验的直接或间接因素。例如，该模型显示通过打造期望值及所期待的服务质量，客户体验就已经开启。通过逐条差距分析得出该模型如下（参见图 2.1）。

简单策略
会员推介会员推广方式

在成熟市场中，最受到认可和成功的方法就是会员推介会员推广方式。通常俱乐部在一段时间内（一般为一个月）可以让现在的会员填写网上或纸质版问卷，提供他们朋友的名字或邮箱地址来成为本俱乐部的会员。这样做的优势在于，越多的朋友或家庭成员在同一家俱乐部健身，大家的联系越紧密，这些会员就越可能留存下来。要记住，引荐了朋友的会员能够得到一些奖励，这十分重要。通常介绍一个新客户就可以延续一个月的会员期。其他的奖励方式通常也包括免费运动背包、免费私教时间等。

差距 1： 涉及会员实际所想与健身俱乐部认为会员所想之间的差异。换言之，这涉及会员所感知的质量评价。对会员进行系统性的调研十分重要，因为健身俱乐部可以因此而缩小会员实际的与俱乐部认为的会员期待值之间的差距。会员旅程的第一步从本条差距开始。

差距 2： 涉及会员感知到的质量评价和健身俱乐部设计课

图 2.1
服务质量（或差距）模型
（帕拉休拉曼、泽丝曼尔和贝瑞，1985）

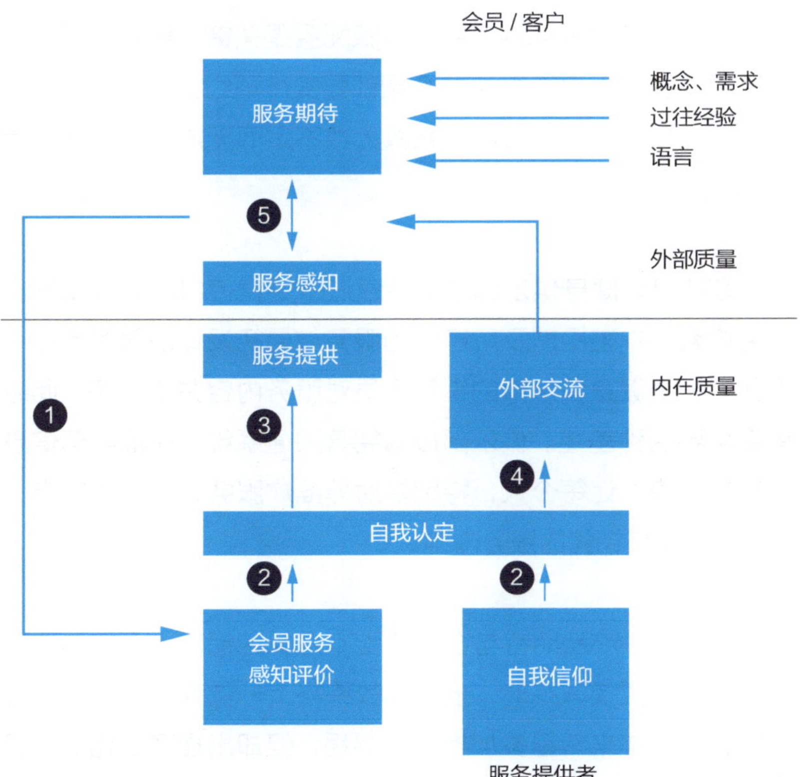

程或服务（设计标准）方式之间的差异。如果会员认为个人关注度极其重要，那么课程和服务设计应该体现多少个人关注度呢？组织因素也会影响体验感，例如，评价一个俱乐部是否高端。当然，有时我们不可能满足会员所有的期待，但是总会有一套完备的客户导向标准存在，而且能够使俱乐部的资源达到最优配置。如果无法满足，那么就应当主动向客户释明，否则客户不满意度就会上升。

差距 3：设计服务或课程时，服务或课程实际的执行情况可能会与设计初衷有差异。

为了避免出现此种差距，资源配置是关键。例如，俱乐部管理层想要私人教练每 4 ~ 6 周都要安排预约，以达到加强健身监督的目的，但是受制于私教人数不足而无法实现，此时问题就十分显著了。

差距 4：健身俱乐部通常会通过市场宣传材料向公众推广服务内容。本差距涉及所宣传的服务与最初设计的服务不符。例如，一个健身俱乐部的销售人员对服务内容并不了解，此时就会导致这种差距。俱乐部应当完善沟通系统，保证内部信息的有效共享，让每个人，特别是对外推广服务人员，能够充分了解和熟悉所销售的服务内容。

差距 5：涉及期待与会员体验不匹配的情况。例如，这种情况发生在更换教练时，接手的教练与上一位教练给予的指导不同，会员本来希望参加相同的课程，但却出现了变化。一般来说，如果服务水平下降了，会员就会不满。这就要求教练员之间的充分协调，以保证会员的期待与之前体验到的服务相一致。为了了解本条差距，健身俱乐部必须采用多种手段来衡量客户满意度（例如多目标方式、投诉分析）。

目标

就客户经营和体验而言，合理有效的目标应当旨在缩小差距。这就意味着，决定客户质量模型中不同因素的不断调和。所有采用的方式都应当基于对健身服务行业特殊性的充分了解之上，正是这些特殊性使得健身行业与其他行业服务（例如，美发行业）有所不同。

一个重要工具就是建立清晰明确的指导、步骤以及基于证据的方法，来衡量客户期待和体验以及员工满意度。然而，所有方式都要基于可供使用的资源。因此，我们需要具体的计划和措施。

简单策略

定期给会员惊喜

一个实例就是位于伦敦金融区的“第三空间”，也称“锐步俱乐部”。他们十分擅长给会员惊喜。例如，他们于某年 12 月在更衣室安排了一位鞋子护理师提供免费服务，当会员在健身房挥汗如雨的时候，他们的鞋子已经被擦拭干净了。还有一次他们让一位营养师坐在前台，为会员提供免费的营养建议。

2.4 健康行为的改变

另一个客户经营的角度来自于行为科学。为了理解健身俱乐部的客户旅程，我们可以使用不同的健康行为模型。本节讨论行为变化（TTM）的跨理论模型组织结构，也就是改变的阶段。其重点在于行为是如何随时间发展和变化的，这在健身俱乐部会员的行为中有所体现，参见图 2.2。具体阶段包括以下内容。

- 思考前：没有想过改变的人（大约 6 个月），例如，加入一家健身俱乐部去锻炼约 6 个月，简言之“我不会”或“我不能”阶段。
- 思考：在未来 6 个月内会寻求改变的人，简言之“我可能”阶段。
- 准备：（在 30 天内）着手准备改变的人，简言之“我会”阶段。
- 行动：采取行动改变（例如开始在健身房锻炼）但还只是刚刚开始（6 个月）的人，因此还有可能恢复原状，简言之“我在”阶段。
- 保持：已经改变至少 6 个月的时间，新习惯已经成型的人，简言之“我已经”阶段。
- 终止/复归：一种情况是积极的人继续保持他们的习惯，另一种情况是他们又恢复原状，重新进入第一或第二个阶段。

改变所处的不同阶段为健身俱乐部和健身专业人士提供了在客户旅程方面一个研发个性化方法的框架。例如，为了设定正确的目标、创造正确的期望和寻找配偶的支持，客户或会员在准备阶段需要一定帮助。在行动阶段，会员需要我们帮助他们保持投入。教练和指导人员此时更应该对行动阶段的会员投入必要关注，因为他们比在保持阶段的会员（6 个月以后）更容易停止训练。

预防终止锻炼是从这个模型中推导出来的另一个策略。众所周知，会员经常会停止锻炼几个月，所以应该制定相应的计划，去按时提醒会员（不需要太早，但也不应太迟）。在旅程的开始阶段就应该和会员讨论这个计划，并征求他们的同意，最好在头几个月或他们刚成为会员之后。在全球健身行业中，已经有一些大家熟知的策略，例如，重返健身房策略

图 2.2

变化阶段的图解展示

（米德尔坎普等人，2014）

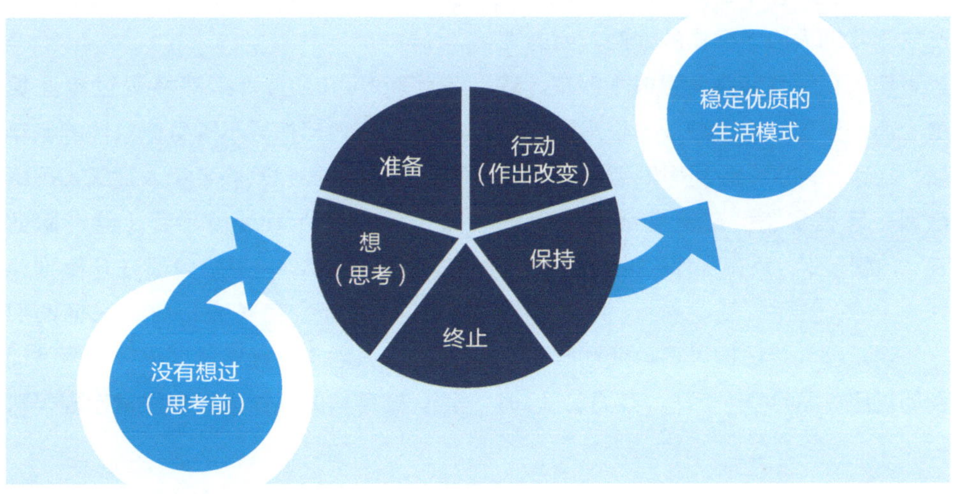

案例研究 04

Activage
欧洲首家专门为老年人设计的健身房

Activage 位于瑞典斯德哥尔摩市，产生于欧洲人口老龄化的浪潮，当时许多老年人在传统健身房里很不自在。健身中心一半是社交区域，一半是锻炼区域，还有休闲区，会员可以点一杯茶或咖啡，吃些零食，在健身前后见见朋友，放松一下，还有水疗放松房。

俱乐部为会员提供多种活动服务，例如讲座、品尝会（咖啡、红酒）、培训如何使用智能手机等。

Activage 的教练都接受过专业培训，知道如何指导不同身体条件的老年人。公司还按照欧洲老年人训练人员标准，设立了 Activage 学会（欧洲职业资格第四等级）。每个会员在开始训练的前 8 周都会有私教指导，保证他们根据个人需求有针对性地进行无风险训练。健身房的工作人员会经常出现，熟悉每名会员的名字，让他们感觉自己是VIP客户。

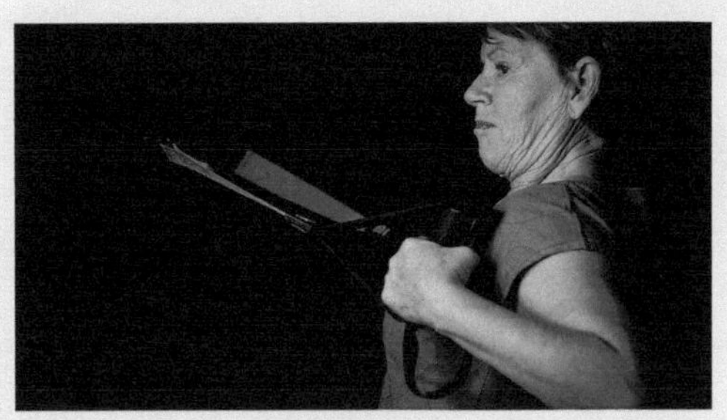

Activage的经理克里斯托弗·斯约伯格认为："我们的目标客户群体是那些不经常在健身房锻炼或者不喜欢健身房氛围的老年人。他们需要在锻炼时被关注，感受到信任，并且喜欢我们健身房提供的无压迫感的训练。我们让他们感觉到自己是受欢迎的，无论是什么样子，有皱纹，身材不够健美，不像在传统健身房那样穿得时尚。只要你想保持健康的生活，你就可以来我们的健身房。"现在200名会员中，有80%在之前都没有成为过健身俱乐部的会员。Activage在斯德哥尔摩不止一家健身中心，未来一年还将在瑞典和欧洲其他地方新建更多的健身俱乐部。

或回归会员资格。

预防终止锻炼是从这个模型中推导出来的另一个策略。众所周知，会员经常会停止锻炼几个月，所以应该制定相应的计划，去按时提醒会员。

2.5 忠诚度角度

客户经营和忠诚度貌似是非常相关的概念，但只有少数研究表明，健身俱乐部的忠实会员会继续付费（巴尔特等人，2012）。即使缺乏研究证明，忠诚度仍然被认为是客户经营的根本视角。出于这个原因，IHRSA 和 TRP 用一个具体且流行的方法来对健身俱乐部领域忠诚度进行评价：净推荐值（NPS）。

净推荐值的最终问题是：按照从 0 ~ 10 打分，你有多大可能向朋友或同事推荐我们的（产品 / 服务 / 品牌）？然后紧接着问题是：你这样打分的原因是什么？净推荐值是指推荐人（9 或 10 分）的百分比，减去不推荐人（1 ~ 6 分）的百分比所得出的结果。净推荐值最低 -100 分（所有人都不推荐），最高 +100 分（所有人都推荐）。正净推荐值（高于 0 分）被认为比较好。50 分以上的净推荐值可以称为优秀。

NPS 作为客户忠诚度的指标，由贝恩公司的弗雷德 • 雷奇海尔德和桑塔曼特里克丝（雷奇海尔德，2011）提出，雷奇海尔德在《哈佛商业评论》中一篇名为《一个你需要培育的数字》的文章中对其进行了介绍，参见图 2.3。NPS 的提出者发现，公司的财务和管理会计系统所反映出来的内容，与忠诚度、热情值、重复购买可能、客户推荐度之间没有紧密联系。这可能会导致误解，产生所谓的“坏利润”。在这种情况下，公司的利润总额（扣除利税、摊销前的收入）会增长，但是客户的忠诚度会下降，因此会存在长期风险。

净推荐值的开发人员也更关注它的下一个内容，叫作净推荐系统。在将推荐者和批评者分别归类后，公司也应该建立闭环的学习和改进流程，并在日常操作中予以实施。此外，让更多的人成为推荐人，应该是这个工作的一部分，并且成为企业的基本目标。

像许多公司一样，健身俱乐部也应当使用根本问题模型。

图 2.3
净推荐值（NPS）
（雷奇海尔德，2011）

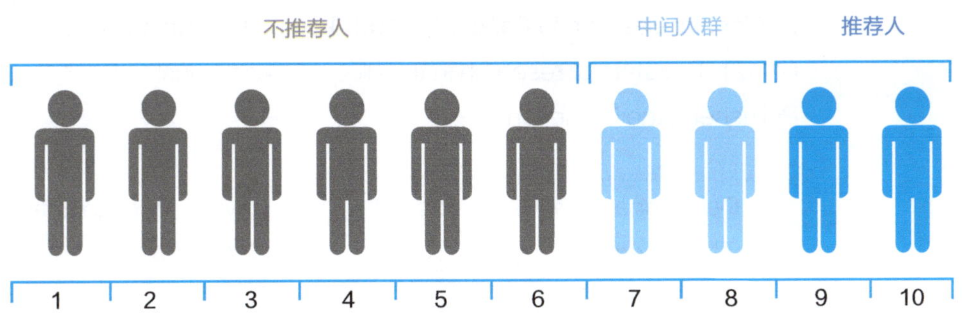

健身俱乐部甚至可以使用净推荐系统，因为根本问题无法确保足够的运营投入，也因此无法作出明智的决策来提高留客率。根本问题只能就会员忠诚度给出一个宏观数值，而并不能自动制定出如何留住会员的详细计划，也不能帮助我们理解哪些干预措施是有效的。NPS 迫使健身俱乐部关注客户和他们的长期忠诚度，因此是一个十分重要的工具。

2.6 小结

本章从多个角度简单讨论了在健身俱乐部中创建客户旅程的方法和策略。为了设计出最优的客户旅程，使用混合模型是十分必要的，每一个模型中都可以派生出一系列具体的策略。服务质量模型可以用来提高一个健身俱乐部的服务水平，阶段变化模型可以用来根据个人需求为会员定制专属的客户旅程。

2.7 参考文献

Baart de la Faille, M. & Middelkamp, J. (2012). Member profiles. In: Baart de la Faille, M., Middelkamp, J., & Steenbergen, J. (2012). The state of research in the global fitness industry. BlackBox Publishers, the Netherlands.

DellaVigna, S. & Malmendier, U. (2006). Paying not to go to the gym. The American Economic Review, 96: 604-719.

Middelkamp, J, Wolfhagen, P. and Steenbergen, J. (2014).

Practical strategies to support behaviour change. EuropeActive Retention Report 2014. BlackBoxPublishers, EuropeActive.

Middelkamp, J., Van Rooijen, M. and Steenbergen, B. (2016) Attendance behaviour of ex-members in fitness clubs: A retrospective study applying the stages of change. Perceptual and Motor Skills, 122 (1), 350-359.

Reichheld, F. (2011). The Ultimate question 2.0. Harvard Business School Publishing, Boston.

第3章

商业模式数字化：迪士尼经验

第3章 商业模式数字化：迪士尼经验

路易斯·韦特

3.1 简介

颠覆性的技术为新人们提供了一个独特的机会，让他们可以挑战现在从业者的主导地位。情况一直是这样，在未来几年更是如此。这同样适用于健身俱乐部。在这个市场中，许多公司习惯于在一项商业模式的核心技术上面临指数级别的变化，但是现在他们必须应对 3 ～ 4 个这样的问题。

当多个技术同时发生指数级别的变化时，同步效应会继续加速行业本来已经很快的变化节奏。与健身中心相关的技术在以摩尔定律（在 18 个月内价格 / 性能的比率翻倍）的速度增长，这些技术包括移动互联网、大数据、物联网、云计算技术、语音和图像识别、基因组学、半自动化汽车、3D 打印等。

如果可以预知未来，我们可以说今天许多的健身俱乐部通过利用新兴技术，已经在逐渐成长为明日之星。也就是说，现在的从业者需要更加灵活，投入更多的精力来转变他们的商业模式。然而通常来说，这不是成功企业的强项，拥有的资源和员工越多，转变起来就越困难。

IMD 和思科有一家合资公司主要研究全球数字业务转型。2015 年 6 月，该公司研究中心对近 1 000 名来自 12 个不同行业的经理进行了问卷调查，向他们调查了数字化对于行业进入壁垒的影响程度。其中包括零售、餐饮、电信、金融服务和娱乐等 10 个行业在内的高管预测，在他们各自的领域，现在领先的公司中将至少有 3 家公司在 5 年后都进不了前 10 名。

在这个调查中，69% 的被调查者认为有必要改变他们的商业模式，以适应数字环境。然而，只有 55% 的高管说到，数字化变革作为一个话题在高层进行过讨论，只有 25% 针对这个问题有实施计划。这个调查反映了一个现实状况，如果所述真实，那将是一次警钟。

最新的技术能够改善服务和客户关系，健身俱乐部不能忽视这些机会。希望管理团队正在积极制定计划来充分利用这些机会。

3.2 数字化变革

数字化并不是将过去实际进行的工作过程用数字表达出来。它意味着，即使是从零开始，我们也希望利用新技术来设

简单策略

策划一次特别的晚会

许多俱乐部都有自己的会议室或演讲厅，他们可以在那里为会员（非会员也可以很低的费用参与）举办讲座，话题包括如何准备马拉松、肌肉塑形营养、呼吸技巧、向高水平运动员取经，甚至是红酒品鉴（可以和当地的红酒商合作）或是更加流行的咖啡品鉴。这些活动让你的俱乐部像是一个知识集散地，为提升客户和会员经营提供了机会。

计一个商业模式，可以以更低的成本创造更多的价值，同时满足以前客户没有得到满足的需求。

例如，第一个在线销售服务刚开始运行的时候，许多消费品公司还认为他们不过又是另一个客户服务的渠道罢了。直到一个叫 FreshDirect 的公司发现，数字平台可以彻底改变他们的商业模式。关键因素是仓库替代了实体店，这些仓库远离市区，机械化运作，方便了客户购物篮中商品的选择，并且拥有一个优化的物流系统。基本上，一个新的商业运营模式变成了一个价值主张的基础，用更低的成本，为客户创造更多的实惠。

当一个公司使用新技术，同时从本质上改变商业模式之时，它是在押注于迅猛的创新。这个时候管理团队就不得不考虑是否该下注了。

创新的形式

创新可以渐进式、相对快速或者极为迅猛地发生，这取决于两个变量：一是新技术的应用前景，二是新的商业模式对这种创新的需求（参见图 3.1）。

对于渐进式创新，如果没有使用新技术的需求，那么也就没有必要产生一个新的商业模式。但是，如果其中的一个元素提出需求，那么我们就需要相对快速的创新。最后，如果这两个元素都提出需求，我们就需要迅猛的创新。迅猛的创新通常会产生一个新的业务领域，称作“蓝海”，竞争很小。

图 3.1
创新的不同种类

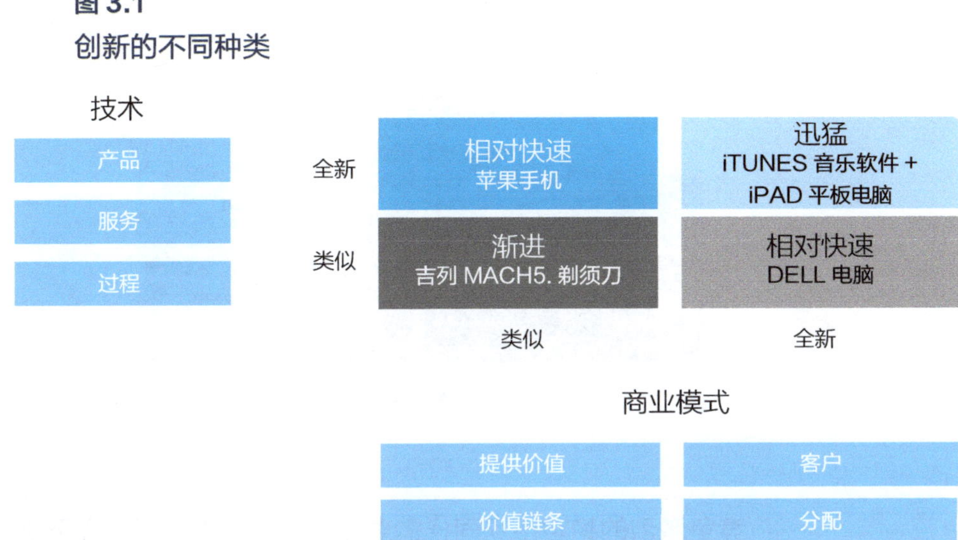

当一个公司使用新技术，同时从本质上改变商业模式之时，它是在押注于迅猛的创新。

另一方面，市场也是由两个变量决定的，规则的稳定性和竞争的强度（参见图 3.2）。

竞争较小的稳定市场需要渐进式的创新，注重效率和产品。

大型垄断性企业控制了这样的市场。但是，如果一个公司控制了市场，能够轻松盈利，它迟早会陷入整合，对它的未来来说可能是致命的。

图 3.2
理解创新核心对市场进行区分

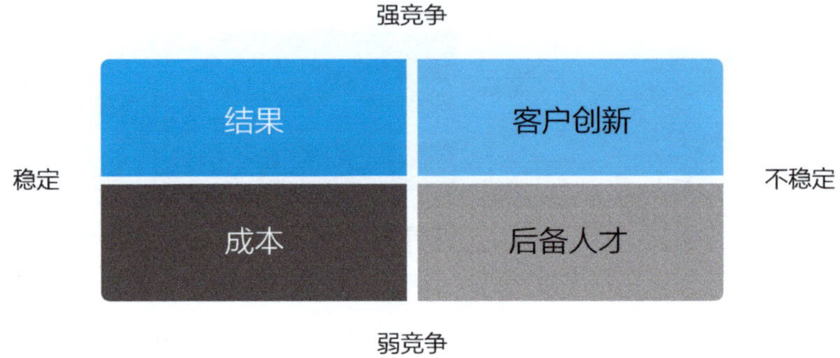

竞争激烈的稳定市场同样需要渐进式的创新，另外需要更关注决策的及时性、进入市场的灵活性和营销。这意味着一种相对快速的创新，同时又包含了渐进式的创新。

竞争较小的不稳定市场竞争要求的创新，除了前面提到的两种创新之外，还需要再加上以内部组织结构为中心，专注于构建高性能的文化，同时充分利用团队成员的优势。这是另一种需要相对快速的创新和渐进式的创新相结合的例子。

还有第四种情况，这可能是最有趣也是最危险的情况，在这种情况下，市场变得不稳定，竞争非常激烈。近年来许多市场变成这样，而且很有可能会扩散到其他市场。

这种情况被称为“完美风暴”，不断膨胀却几乎没有余地去回旋，因为自己与其他船只（竞争对手）靠得太近。在这种情况下，公司需要迅猛的创新（同时也要有渐进式的创新和相对

案例研究 05

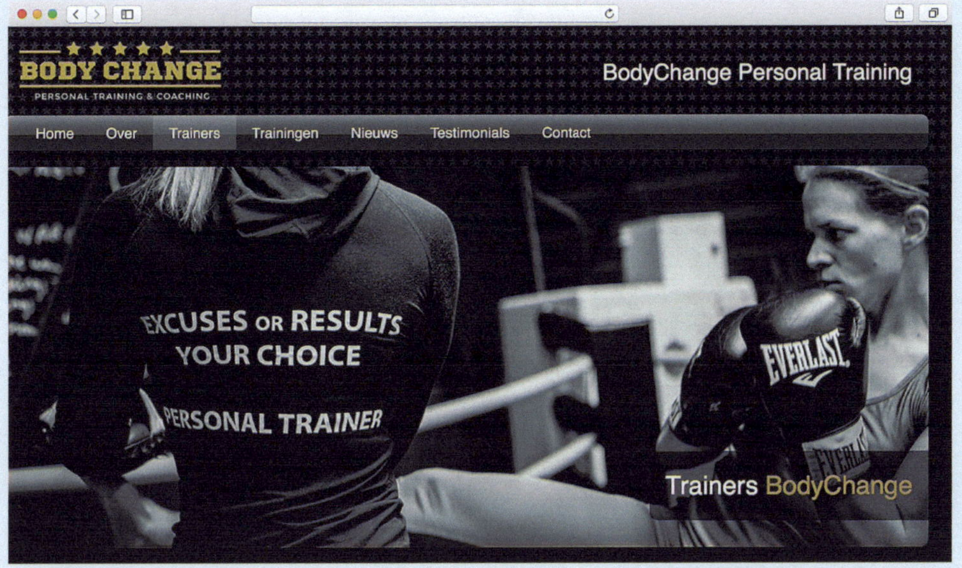

BodyChange

BodyChange 的私人训练

BodyChange 是荷兰的一家高端私人健身房。为了保持消费者的兴趣，健身房主要进行 3 个类型的训练。

第一，也是最重要的，就是一对一的单独训练，通常包括 3 个主要元素：营养计划、训练计划和生活方式计划。客户每周会收到个性化的营养计划，并且集中进行训练。

第二，如果客户已经达成他们的最重要目标，或自我激励意识变得更强，他们可以选择一个小组型训练计划，每组最多 6 人。营养计划也在这个类型中保留。

第三种选择是一组训练计划，包括训练营、室内自行车、拳击等。

在客户互动方面，BodyChange 允许客户在 3 个训练类型之间切换，这能使个人的训练更加灵活，大大有助于留住客户。

快速的创新），依靠新技术，摆脱传统的商业模式。

大多数时候，这些创新都会从关注客户现在和未来的需求开始，而这些需求通常没有被竞争对手看到。在这种情况下，公司必须在多个领域同时作战，包括从渐进式的创新到迅猛的创新，从注重过程的创新到围绕商业模式的创新，还有竞争策略领域。

迅猛创新的管理复杂性和失败的概率远高于渐进式的创新，只有长期进行系统性的投入，将之作为业务重点，才有可能最终成功。

因此，在谈论数字化的时候，我们不单是在谈论一项新技术，我们指的是通过创新的商业模式，为客户带来更好服务的可能性。在不稳定且竞争激烈的市场中，企业比以往任何时候都更有必要充实自己，对数字化战略有全面持续的认识。让我们以迪士尼的情况作为参考。

3.3 迪士尼的首创

有两个方面决定了迪士尼的数字化战略，除了都是数字技术以外，这两方面似乎没有任何的共通点，然而它们却恰恰都是冰山的一角，形成了公司的数字化战略。

在整体战略下旗舰店紧紧围绕着作为基础的数字技术的使用，为公司价值服务，并让客户更加熟悉自己的品牌。这样做不仅为了利用技术，还为不同的客户群体提供了更有吸引力的价值主张，而且在进行战略决策时更加灵活。

快速通道和魔力手环

第一个重要首创就是所有迪士尼乐园里提供的手环。这些手环可以让用户进行预订、支付、减少排队等。手环还可以提供乐园里游客的流量、拥堵、模式计划等有价值的信息。通过大数据工具进行分析，这些信息就变成了客户情报，在帮助乐园提高盈利能力的同时，还能大大改善客户体验。这样的协同共生关系使乐园和游客实现双赢。

这样做使得未来的决策可以基于大量真实的客户数据，因此它从一个小的价值成长为了关键因素。他们不再需要央求客户完成满意度调查，因为现在客户的行为在很大程度上决定了乐园未来的变化和改进方向。

顾客感知价值包括有形的、情感的和社会利益（在这个例子中，别人认为我是一个迪士尼的客户），通过价格、不便和不确定性进行区分。可以看到，我们正在谈论的技术对感知价值中这些元素产生了积极的影响，这很有趣。

通过这个方程，我们看到，例如景点的优势或价格元素，对于迪士尼乐园的价值主张并没有什么影响，但是在游客量很大的时候，快速通道允许大家更快地游览，此时游客对于价格也就没有那么敏感了。当迪士尼使用一个手环就可以搞定一切的时候，迪士尼的吸引力就更强了，这也增加了迪士尼品牌和对孩子吸引力方面的无形资产和社会效益。

用户入园游玩时，最大的担忧就是不便和不安全感，而手环则在这方面发挥了最大的作用。手环的数字技术改善了客户体验，通过地理标记功能和直接付款的服务，大大减少了游客的平均等待时间。游客如果不知道一个景点是否在排长队，或者是否还有时间去吃东西，他们就会感到无助，而手环则解决了这个问题。这些小小的帮助都能够使游客的体验感增强。

在引入魔力手环后，迪士尼游乐园的收益增长了 20%，同时客户体验也得到了显著提升。

Maker Studios

2009 年，一群艺术家在 YouTube 创建了一个频道，想法是为业余制作人提供一个创造性的环境。现在这个频道每个月有超过 100 亿次的点击量，被迪士尼于 2014 年以 10 亿美元买下。

原因很显而易见，因为有这么多点击量的内容频道肯定十分有吸引力。但我们必须深入了解，为什么是 Maker Studios 而不是其他频道拥有这么多点击量。

主要原因是迪士尼自成立以来就是一个“梦工厂”，最先通过电影，后来是主题公园，现在是各种创意媒体进行造梦。

案例研究 06

The Gym Group
高科技 低成本

The Gym Group 是英国的低成本先驱。他们在全国范围内运作 83 家高科技、无合同、低成本的 24 小时健身训练馆，他们通过数字营销在线上与客户对接、签订合同、进行客户经营。

客户数据被用来查看会员的出勤频率和时间，会员的偏好帮助我们知悉健身房的使用率，进而不断提升会员体验。一个例子就是装在器械上的感应装置，可以用来计算该器械的使用次数，为客户实现最佳器械配置。

过去十年里在英国市场的增长很大程度上都得益于低成本模式的运营，The Gym Group 的新会员中有 30% 过去都没有健身房会员的经历。自 2008 年成立以来，The Gym Group 的销售额增长到2015年12月31日的6 000万英磅，2016 年规划 2017 年增加 15 ~ 20 个新的店面。

迪士尼通过 Maker Studios 进入数字化领域，促进新观众之间的共同创造，并吸引新的创意资源，这与公司的战略完全契合。

因此，收购 Maker Studios 不是为了点击量，而是为了通过使用数字环境吸引更多的将描绘未来几代人梦想的创意人才，这才是这个商业模式的基础。

3.4 小结

今天的健身俱乐部必须要有数字化战略。为了设计商业模式的数字化转型，我们应当尝试提出几个问题，问题也应该有顺序，即第一为什么做？第二做什么？第三如何做？

为什么做的问题可以在许多方面得到解答，例如，使用数字化方式，我能在客户层面发现什么新的内容？有什么即将到来的变革将会改变我的商业模式？

有了强大的理由后，我们就可以更好地回答下一个问题：我应该改变什么？哪些价值主张元素现在必须改变？我该如何使用大数据这个功能？我应该在什么方面创新？如果可以利用手头的一切，时刻都在成长的是什么？我应该采取什么变化，和 / 或完全改变？

只有在我们回答了这些问题之后，我们才可以接着问自己：我该如何转变？为了实现目的我应该遵循的流程是什么？这些原因（为什么）是最初促使我们进行改变的关键，因此在任何时候都必须让它们作为指引。

3.5 参考文献

Loucks, J. and Macaulay, J. (2016). Digital Vortex: How Today's Market Leaders Can Beat Disruptive Competitors at Their Own Game.

第4章

精品健身房的出现及备受青睐的原因

第4章 精品健身房的出现及备受青睐的原因

雷·阿尔加

4.1 简介

健身领域新兴的一个重要趋势是，人们之间的联系可以概括为“小即是大”。一些客户寻求更加精专的体验，精品健身房的出现满足了这一需求，而且这种现象正在蔓延。

以前，许多健身行业的从业者认为“越多越好”，例如提供更多的设施、更多的训练课程和服务。但是现在新一代的健身服务提供者出现了，他们相信“越少越好”。这些健身房通常围绕一个热情且上进的个人或小团队来发展，他们专为小团体或是个人提供健康和健身解决方案。与主流健身房相比，通过运作一个相对较小的客户群体，他们可以培养强烈的归属感和团队意识，营造理想的环境，让人们意识到健康健美的需求和愿望。

本章的目的是探索这个趋势，了解这些小型精品健身场所吸引人们注意力并得到青睐的原因。

4.2 精品健身房

以下是一些具体类型的精品健身房。

- 把杆健身房。
- 交叉训练健身房。
- 单车健身房。
- 舞蹈健身房。
- 高强度训练健身房。
- 室内划船健身房。
- 私人训练健身房。
- 普拉提健身房。
- 体育和综合性能健身房。
- 多项目小组健身房。
- 瑜伽健身房。

本章主要讨论单车健身房和高强度训练健身房。

行业发展的曲折

行业的变化发展总是十分有趣。在过去的 15 年里，欧洲消费者一直在享受低价健身房，只需要每月比全国平均价格低 50% 的费用就可以享受健身房的服务。为了以极低的成本运营，健身房的规模超大，采用自助服务和 24 小时运营模式，并且使用大量的技术方式来降低成本。他们抓住了消费者的兴趣，并且因为这些健身房的模式很容易理解，他们还成功地吸引了记者的注意。

健身行业现在又处于新的发展阶段，更加注重团体建设，增强和培育团队意识，达到更加真实的健身体验。健身房和客户之间的共识似乎更加清晰，你来健身的原因是因为我们更专业，并且希望通过努力达到个人期望的结果，这儿有着明确目标并需要努力，所以这样的健身体验才真实。这种趋势的一个典型例子就是独立精品健身房的出现，在某种程度上受到了美国成功的品牌如 SoulCycle 和 Flywheel Sports 的启发，这些精品健身房变得越来越受欢迎。

定义

这些健身房有许多别称，例如训练小馆、精品健身房、健身门店等。抛开这些名字不谈，它们都有如下共同的特点。

- 规模较小。
- 课程 / 活动单一。
- 专业指导。
- 根据日程安排开展。
- 营造环境。
- 团队至上。
- 共同利益。
- 竞争任务。

这些健身房摒弃了会员模式，转而实行“训练才付费”的模式，在这些健身房一小时的课程费用，可以在低价健身房锻炼一个月。他们充满自信，工作脚踏实地，力求每一节课都一样精彩，制造非凡的体验，否则就留不住客户。

这些精品健身房利用了消费者的心理。消费者希望与健身房建立一个更加开放随意的关系，在健身方面能够实现“课程最佳”的方法。

一些人想要分享他们对某项运动的热情，每天都有训练任务，于是他们就创办了许多精品健身房。例如，朱莉·莱斯刚从洛杉矶搬到纽约的时候，她怎么也找不到一个提供较好室内单车训练的健身房，所以她决定创办自己的健身房，最后就有了 SoulCycle（详见 SoulCycle 案例研究）。由于规模很小，这些健身房就更需要高效的运作，依靠日程安排，通过专业的指导来提升参与者的体验感。

团队成员间互相支持和鼓励，为了共同的目标营造和谐的环境。这样的体验十分奏效，不同于主流的健身体验，所以能够吸引客户。正如撒雷特（2013）评论道：“消费者被精品健身房所吸引，因为这些健身房营造了一个强大的社区，在那里人们有着共同的目标、专注力和激情。”

4.3 精品健身房的驱动力

精品健身房的流行主要得益于6个关键因素（参见图4.1）。

案例研究 07

High45
吸引城市年轻人的新概念

High45 是阿姆斯特丹（荷兰）的一家全新精品健身概念的健身房，专注于 45 分钟高强度间歇训练。俱乐部的目标客户有很多种，包括已经在其他地方锻炼过的人、夏季喜欢在外面露营但享受室内 High45 的人，还包括一些虽然不喜欢但仍然试着健身的人，以及被课程所吸引的跑步者。他们的客户 60% 是女性，40% 是男性。用年轻都市创意者和雅创客（yuccies）来形容他们的客户群体最为贴切。随意、速度和体验感作为三大支柱支撑着这个健身房的概念。

样的训练方式十分高效。一天中随时都可以上课，High45 第一家店面就是基于另一个成功的国际概念开设的。High45 所有的训练过程都在追求速度和效率。

体验感

体验感是最重要的支柱，因为这对客户的积极参与起到了很好的效果。高水平的服务、销售 / 服务的不同方法、俱乐部的氛围、公关 / 媒体和营销策略，一切都是为了增强客户体验感。我们不断寻找新的机会，这些机会都要以消费者为导向而不是业务驱动。针对新的目标群体，进行新的分类，例如分为核心、上半身、跑者等类别，与一些现有的组织开展更广泛的合作活动，例如阿姆斯特丹舞蹈联盟等。

随意

没有会员费、没有任何管理费用和隐性费用，只需要“训练才付费”。课程表和预约都可以在线查看，客户还可以在线预订他们的训练饮料。

速度

通过 45 分钟的锻炼能够获得最大的成效，节省了人们宝贵的时间，这

成果

High45 刚刚成立不久，所以没有多年的数据成果，但数据显示在 2016 年 4 月第一个月开业就有 600 人次光顾，到 2016 年底就增加到每月近 2 000 人次。

图 4.1
精品健身房的市场驱动因素
（阿尔加，2015）

分支市场

几年来，笔者一直密切关注低成本健身房的出现，试图理解他们的商业模式和他们如何竞争来赢得客户以及他们给中端市场造成的压力。然而，只有退后一步，笔者才从一个更为广阔的角度，看到了一个成熟的健身市场在沿着两个不同的分支路径发展，即“自助服务”和“全部支持”。很多消费者已经开始在逐步亲力亲为曾经是外包给别人的活动，例如购买杂货或预订酒店和机票，并享受这种自助服务的感觉。

低成本健身房非常有效地利用了这一现象，吸引只追求单一健身体验的会员，享受自助服务。然而，第二种“全部支持”的服务方式或许不太明显，这种方式下，客户为了获得更多的指导而付费。客户发现只有最好的健身房才专注于帮助客户实现预期的健康与健身愿望。由此可见，这两种服务方式，一个追求输出（例如设施和设备），另一个追求效果（影响或结果），这是它们的一个关键区别。因此，也许并不奇怪，在这样不断演变的竞争格局下，一些目标中端市场的健身房总是无法找准自己的定位。

挑剔的消费者

这些新兴精品健身房的吸引力一定程度上在于，他们利用了人们想要得到社会认可（包容）、社会联系（归属感）和状态（社会地位）的希望。设计成较小的团体，所以能够拥有一个大型健身房少有的内在凝聚力。包容感也源于这样一个事实：人们在接下来的一个小时里会进行同一个活动，所以能够培养一种归属感和团体意识。这些健身房吸引人们去寻求更非凡的体验，之所以非凡，是因为有乐趣、高效以及精心策划的活动，时间和金钱都得到了充分利用。

“大多数精品健身房比传统健身房更关注他们所提供的服务，（因此）精品健身房中存在一个强大的集体效应，所有人都志趣相投，拥有相同的

认同感和归属感，彼此影响，相互支持，共同达到健身目标。”

布莱恩·舒尔
Heartcore 健身房（伦敦）联合创始人

精明的健身房老板知道，一次非凡的客户体验之旅从客户访问健身房网站的那一刻就开始了。如果运营得当，每一步都能创造一个惊喜。这包括使用手机预订课程，选择要使用的单车（例如需要预订 24 号单车），到达一个专属地点而非一般场所，有人迎接你的到来，有人帮助你调试单车，然后与一小群有着共同体验的人们花上 45 分钟的时间感受骑行的快乐。尼尔森（2013）从世界消费者健身研究中发现，精品健身房能够营造一种独特的联系，换句话说，在健身房里充满了和我一样的人。高价格和规模限制支撑着这样的品牌，告诉那些追求独特体验的人们，这样的健身房拥有鼓舞人心的环境。

精明的健身房老板知道，一次非凡的客户体验之旅从客户访问健身房网站的那一刻就开始了。

专业且有目标的环境

笔者在会见某英国大型连锁健身房前总经理时，与他讨论了精品健身房与传统健身房环境之间的差异。他回忆了一次造访自己一家健身房的经历，他从健身房的楼上阳台向下看，他看到会员们在不同的器械上“游荡”，有人坐在单车上读杂志，大多数人参与的锻炼项目都不怎么出汗，甚至都不需要监控他们的心血管系统。他看上去很失望，意识到会员们几乎没有得到锻炼价值。他们的商业模式就是善于提供输出（设施、设备、项目计划等），但却没能实现效果（让会员的生活有所改变）。

这次的交流产生了共鸣。与此相对，健身房应该靠创造和提供更有目的性且能有效利用人们渴望身体健康的方式来赢得未来市场。隐含的意思就是，如果一个人出现在健身房参加 7 点的单车课程，那么他希望在接下来的 45 分钟内获得一次完全不同的、有意义、高强度的体验。2014 年成立之时，Psycle 公开表明要“打造伦敦最愉快的健身体验”。

同样，巴里的训练营也保证提供 60 分钟的特色训练，他们的一位客户称之为：在活着的前提下拼死锻炼。这些目标明确的训练活动必须与专业化相结合，充分了解 1 ~ 2 个项目能够充分培养专业技能和信心，让人们达到自己的能力极限，把他们从安逸窝里摆脱出来，但同时运用专业知识保证安全。

通常的结果是，人们越能充分地投入到训练活动和体验中，他们的健身效果就越好。英国健身房品牌 BOOM Cycle 的联合创始人希拉里・吉尔伯特说：“我们只专注于做一件事，并且把它做到最好。”与此相反的是，传统健身俱乐部总是试图把许多事情做到令人满意的水平。在一个充满了平庸的健身服务提供者的世界中，专业化是一种让人脱颖而出的差异。

商业模式架构

商业模式架构就像是我们在一张白布上画草图，描绘健身房的感觉和运营方式。商业模式架构首先要对健身房进行定位，从传达精品的品牌形象开始。例如，最近新开的 1Rebel 健身房位于伦敦金融区，占据了 750 平方米的场地，而旁边就是当地被称为“小黄瓜”的标志性建筑——诺曼・福斯特设计的瑞士再保险摩天大楼。其次，画布上需要添加特殊人才，例如经验丰富、有名望的教练，这些教练拥有大批追随者，与行业平均水平相比，消费者愿意支付的费用也更高。这就保证了体验感能够远胜于一般健身房。

简单策略

消费者想要交流

大众传播已经过时了。企业直接告诉消费者买什么的日子已经结束了。在社交媒体的时代，一对一的交流才最流行。说服的艺术已经改变了，企业需要在说服之前让他们的受众感受到乐趣。这意味着你要对科技极为敏感，随时了解在线交流的最新动向，还意味着只要消费者想要联系到你的时候，你要做到处于随时在线状态。

社交媒体主页和通讯录是一个良好的开端，但不要忘记，将移动应用程序和其他通信工具纳入到你的服务方式中去，它们能够更加灵活，同时更好地帮助你控制客户体验。

接下来就是取消入会费用、会员资格和合同，转而接受“训练才付费”的课程收费模式。虽然消费者需要支付更多的费用，但比起基本上不用的传统健身房会员资格，总体来讲使用率得到了提升，消费者会感到更有价值。然而，这其中至关重要的是，健身房必须在课程中提供绝对非凡的体验感，因为这决定了客户是不是还会再次光临，此时每节课程 25 欧元对于健身房来说就是一个很好的收益，但是如果没人再回来，那就全部都是徒劳。正如一位伦敦健身房的经理所说：“我们必须保证每次课程都能够提供完美的体验。”这与传统靠会员资格来收费而不注重体验的健身房正好相反。

我们享受并喜爱现在很多企业的服务，他们得以存在的原因在于，这些公司利用了技术来有效地为顾客服务。

技术支持

我们享受并喜爱现在很多企业的服务，他们得以存在的原因在于，这些公司利用技术来有效地为顾客服务。例如，杰夫·贝佐斯在 1994 年创建了亚马逊网站，在互联网上创立了数字书店，这就是核心支持技术的应用，正是这些技术帮助亚马逊发展成为世界上最有价值的品牌之一。就像亚马逊一样，精品健身房通过开发技术，开创了消费者所希望获得的、像其他消费方式一样的无缝健身体验。

案例研究 08

联合利华和 Gympass
企业健康案例研究

巴西的联合利华在 2012 年有 12 000 名员工，其中 6% 的人有很高的健康风险（如心脏病等），并且这个数字还在上升，抑郁症风险的比例也基本相同。这是因为尽管存在健康行动计划，但是只有 23% 的员工经常参加锻炼。员工分布在超过 130 个城市中，这意味很难与他们进行沟通，给他们带去福利。

于是联合利华启动了一个健康计划，这个计划起源于企业运动员理论，要求企业在所有城市与健身俱乐部广泛建立联系，并决定与 Gympass 合作，由其作为体育活动的独家供应商。健康计划的主要目的是带来积极的 ROI。

当时的设想是：1）让更多人可以享受（全体员工的福利，包括那些不在主要办公城市工作的员工）；2）更便宜的会员费；3）一家健身服务提供商可以简

化交流和运营方式，可以有效地增加锻炼的人数。最终这个计划能够让健康风险降低，并且减少由此带来的支出。

Gympass 在这个计划中与联合利华合作，投入了将近 500 名工作人员，这些人在最近的连锁店中，只为这个项目服务，为联合利华的员工制定特色健身计划。联合利华开展新的健康计划也是为了让更多的员工参加体育锻炼。

为了鼓励这些员工购买会员资格，Gympass 开发了一个系列活动，其中包括一些公司内部的活动（有合作伙伴健身房的参与）、社交媒体宣传以及广泛的内部营销沟通计划。同时也推出了其他一些项目（体育活动比赛、户外/室内小组课程、亲子活动等），来提高参与度。

3 年后，联合利华 64% 的员工都经常参加锻炼，共有超过 10 万人次去过健身房。心脏病的风险降低了 50%，高胆固醇的风险降低了 37%，吸烟者降低了 50%，这都要归功于参与锻炼的员工增加了。因此联合利华获得了 2015 年全球健康工作场所奖。

提供服务的健身房每周有近 5 000 名员工去锻炼，这其中 80% 的人以前从来没有健身俱乐部的会员资格。到了 2016 年，联合利华将这个计划推广到所有员工的家庭成员，旨在涵盖更多的成员。这将使每个参与合作的健身房又增加 6 000 名顾客。

这些小型精品健身房现在利用智能手机和网络宽带的普及，精心设计网站和第三方平台，为顾客提供了优质的用户体验，帮助他们轻松实现预订和支付，而就在几年前，这样的运作方式还难以实现。当然，健身行业以前就经历过这些变革，因为这是低成本健身房强调的一个核心竞争因素，他们早期也是靠这个来挑战传统健身行业的。

企业家精神

如果你全心全意地相信一件事，那么你就可以靠它赚钱，或在一个和你有相同想法的公司工作，或者创立自己的公司。千禧一代更希望掌控自己的命运，而不是盲目相信他人。有时一个决定可能是经过深思熟虑的，而有些时候也可能是一件事情引发的。1988 年巴里·杰伊在洛杉矶一家高强度训练健身房工作，并有很多顾客。突然有一天健身房倒闭了，杰伊知道这些顾客会追随他，所以他就创立了一家新的健身房 Barry’s Bootcamp，今天 Barry's Bootcamp 在美国、英国和挪威拥有 27 家健身房连锁店（截至 2016 年 12 月）。

美国健身消费者研究公司 ClubIntel 的主管史蒂夫·萨雷特总结了千禧一代希望从员工转变为企业家的愿望，“大多数这样的健身房都由年龄在 25 ~ 35 岁的健身专业人士创办。这些人发现传统健身房僵化、没有目标、不利于职业发展，如果自己去开店，感觉有更大的成功机会。还有一些较为年长的婴儿潮后期出生的人，在健身领域取得成功后，也创办了自己的健身房，但是毕竟这样的人不多。”当然，许多健身房的顾客就是千禧一代，他们之间沟通无障碍，于是也就一起去开健身房了。

4.4 如何竞争

图 4.2 表明了精品健身房为顾客创造价值的特殊方法。

图 4.2
精品健身房与中端市场健身俱乐部的竞争策略
（阿尔加，2015）

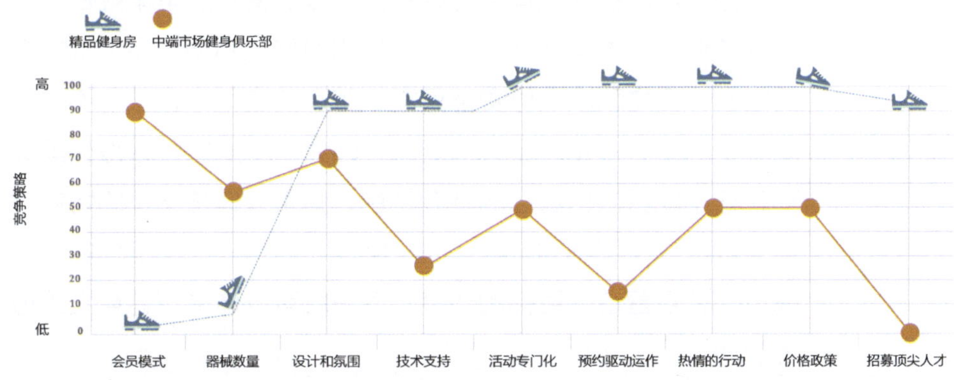

图中显示了 9 个核心因素，它们都是典型的中端市场传统健身俱乐部竞争的方面。橘色线说明了健身房的种类，以及对这 9 个因素的强调程度。俱乐部投入越多，为会员提供的服务越多，分数越高。中端市场的健身俱乐部，建立在传统的会员模式下，在设施和课程方面进行投入，希望成为“多面手”，以保持竞争力。

而精品健身房的战略则完全不同。它取消了会员模式，因为它认为对于提升顾客的参与度是不必要的。器械数量减少了，这样可以削减掉商业运营的所有次要区域以及相关成本。然后，精品健身房引入了 6 个战略重点因素，希望以此一鸣惊人。

精品健身房投入了更多的资源，渴望创造一个独特的品牌形象，与客户建立沟通，让他们走进健身房时，感觉更像是零售商店。

支持技术的使用不断增加，这为客户提供了更大的自主权。他们可以在网上查看可选择的课程、喜欢的单车或在课堂上的位置。技术实现了预订、支付和对使用辅助用品（例如租赁物品、食物和水）付费都只需一张存储支付卡，全程不需要现金。活动专业化是至关重要的，因为健身房能否取得长期成功就在于能否做出自己的精专特色，即别人模仿不了的特色。与大多数健身房不同，精品健身房是靠预约来安排工作的，提高效率并且营造有目标的环境，客户就可以体验到有意义的锻炼活动。

客户是否还会光顾，主要取决于在一个小时内体验到的服务，精品健身房必须全心全意地执行自己的服务目标，不可能再依靠出售最低年限会员来保障收益了。健身房还在顶尖人才的招聘方面竞争，他们意识到教练的重要性，这决定了健身房给顾客带来的是平庸的体验还是非凡的体验。很多顶级健身房的教练线上线下都有着像“摇滚明星”一样的地位，达到了自己职业生涯的巅峰状态。

结果就是健身房拥有了一个全新的战略布局，完全可以摒弃低价、折扣和整年进行促销活动的运营方式。

4.5 SoulCycle 案例研究

由朱莉·莱斯和伊丽莎白·卡特勒成立于 2006 年的美国品牌 SoulCycle 通常被作为精品健身房的范例。这是一个精彩的故事：当时她们认为纽约室内单车健身课程差强人意，所以两个人以外行人的身份，创建了一个现在受到国际认可的健身品牌。

朱莉·莱斯和伊丽莎白·卡特勒

SoulCycle 文化价值

SoulCycle 这样定义它的文化价值观：依托于服务和热情的“是”文化。教练都在参加“灵魂大学”后由公司直接雇佣，而不是简单地按课时上班。教练必须经过 10 周的培训，150 人中最终只有 20 人能被聘用。竞争非常激烈，培训十分全面。同时，每个健身房的经理都要像对待自己的事业一样来打理生意，逐渐培养前述的企业家精神。

课程体验

创始人寻求改革传统的室内单车课程，通过 45 分钟的全身锻炼，帮助参与者塑形。课程以冥想作为开始，教练要求参与者调整自己的身体和思想，做到心无杂念。然后锻炼进入到“挑战极限”的高潮部分：参与者通过举重来锻炼上半身，穿插完成一些跳跃或爬坡冲刺等惩罚训练手段。结束训练课程时，参与者逐渐减缓速度、放松，并且花几分钟进行个人反思。SoulCycle 的课程希望达到的效果是：有点像聚会、有点像治疗、还有点像公众狂欢。他们认为自己的任务就是让人们快乐地接受真实的自我，遇见最好的自己。

资产和位置

SoulCycle 构建了一个有强烈自我和团体意识的社区小组。健身场地在突出和明显位置，面积从 186 到 511 平方米不等，内部包括前台、储物间和更衣室，通常配备 40 ~ 60 辆单车。

SoulCycle 上市文件

我们不只关注交易，我们更注重培育和维护社区关系。

我们的灵感和力量都服务于每家健身房里的顾客。

价格

SoulCycle 的定价比较合理。在纽约一堂课的价格通常是 34 美元，加上 3 美元的租鞋费和 2 美元的水，45 分钟的一节课刚好花费 39 美元。一次购买 30 节课只需要 850 美元（28.3 美元 / 课）。莱斯说："一杯鸡尾酒在纽约需要 16 或 17 美元，所以我们总是告诉人们，我们的课程便宜到只需要两杯鸡尾酒。"

当你每次去健身都要单独付费，你就会做好准备去完成它，而不会取消预订。这样不仅让顾客保证出勤，而且迫使健身房也要对自己的服务质量负责。如果你为一节课支付了 34 美元，那么你就会期待等价于 34 美元的体验。

客户体验

应该说明的是，SoulCycle 并不渴求让每个客户都满意，只不过是设置一个较高的标准。他们甚至找了一群人，每天去思考下一节课程。朱莉·莱斯在华尔街日报（2015 年 3 月）写道："不断增长的营销策略只有在这种情况下才会成功：你的客户离开时不仅感到非常快乐，而且对于你提供的产品或服务感到震撼，以至于他们觉得有必要告诉一两个朋友。奖励那些客户，因为他们是你影响力的表现。给自己一个任务，继续使用你的资源发展，让你的产品和服务不仅只是好而已，还要成为值得在周六晚宴上谈论的话题。"

在纽约州（2015 年 4 月）有 398 人在 Yelp 上对 SoulCycle

SoulCycle 课程

发表了评价，其中四颗星是最常见的评级。这些评论有可能会不准，因为总会有些极端的意见，有些人出于好奇尝试了一次之后，就再也不去了，因为他们认为价格和体验不值。SoulCycle 不会过分关注这些评论（除非是针对员工和保洁问题），因为这更有助于构建其可靠的车手团体。

品牌扩大和重要措施

从 2012 年的 12 家健身房，到现在有 67 家在营业状态（2016 年 12 月），SoulCycle 实现了 54% 的复合年增长率。在 2014 年之前开业的健身房平均年收入 400 万美元，为公司贡献了 50% 的边际收益。

截至 2015 年 9 月，已经有 383 000 名独立车手（独立车手是一个关键的衡量标准，因为 SoulCycle 不出售会员资格）。

公司还记录单车的预订和使用次数，2014 年总共达 290 万人次。

2012年到2014年，总收入从3 600万美元增加到1.12亿美元，年复合增长率达到 76%。然而，对笔者来说，最引人注目的一个数据是，公司在 2014 年收到的 10 000 份线上和线下的主动评论。公司的公关费用支出相当小（2014 年为 90 万美元），这也是本人喜欢这个品牌的原因。

前景

SoulCycle 本来计划在 2016 年成为一家上市公司，但因为首席执行官梅勒妮·惠兰认为市场存在波动，首次公开发行计划推迟了。与此同时，公司认为有机会将北美地区的店面增加到 250 家，宣布加拿大多伦多成为公司第一个海外进驻地，在 2017 年第一季度新开两家健身房。公司已宣布将会进入欧洲，伦敦最有可能成为第一个进驻城市。

简单策略

组织减肥者活动

对许多人来说，去健身房就是为了减肥。所以为什么不把这些人组织起来，帮助他们实现减肥的目标，进行相同内容的电视课程交流，并且给予锻炼和营养指导呢？

有时候，如果一个商业模式能够为一个新的目标客户群体去构建，那么它可以保持长年的经久不衰。我们通常带着有色眼镜来评判革新，因此总是被假设和预先存在的偏见所蒙蔽。这种现象在健身行业以前就发生过。在低价健身房刚出现时，当时的从业者持怀疑态度——这些低价健身房“不可行”“不安全”和“不可能长时间存在”——但是他们错了。这种短视思维是有局限性的；如果在评估精品健身房的出现和其他为了吸引消费者的健身概念的时候，我们能够保持中肯的态度，那将是更加明智的。

健身消费者正在变得更多样

现在在美国出现了一个有趣的趋势，越来越多的消费者选择持有多个俱乐部的会员资格，或者充分利用 MINDBODY Connect 和 ClassPass 之类的预订平台，选择“训练才付费”的精品健身房进行锻炼。在英国提供类似服务的是 PayasUgym，欧洲和巴西是 Gympass。Gympass 也面向企业及其员工，提供锻炼计划服务。

这表明一些消费者在寻求与健身服务提供者之间存在一个更开放的关系，这样的想法来自对自己健身锻炼方面的“课上最佳”方法的感悟。这意味着，这些消费者在问自己一个问题：布鲁塞尔周四晚上最好的室内训练营在哪里？答案是：某家健身房可能不是最近的，但一定是最好的。这种现象开始让一种想法发生转变，那就是单一的健身运营商可以提供给消费者所需要的全部服务。

SoulCycle 精品健身房外景图

现在的消费者，尤其是千禧一代，不想把自己绑在一个服务提供商上，美国国际健康、球拍和运动俱乐部协会 2015 年的数据也显示，多项运动健身俱乐部五分之一的客户也在其他健身房有会员资格。同时，10 个美国室内单车锻炼者中有 7 个人至少还会使用另外一项锻炼器械，因此消费者和健身房之间更像是一种零售业关系而不是单个或长期的会员体验。重要的是，这种更开放的关系在欧洲可能会创造出新的需求，就像在美国一样，因为现在转角就能遇见新的健身服务提供商。ClassPass 的创始人兼 CEO 帕耶尔 • 卡达奇亚证实，65% 的美国 ClassPass 成员是健身领域的新成员。

4.6 小结

如果拜访过多个精品健身房，我们很容易发现，他们对于健身体验感的激情和专注度非常明显，他们的员工很清楚并且相信自己每天的任务是什么。更棒的是，对于健身体验感来说，专业教练的角色仍然很重要，就像欧洲健身行业的初现阶段一样。我强烈建议读者亲自去体验其中一些精品健身房的服务。只有通过直接体验，你们才能真正理解为什么越来越多的人选择避免“全面综合”的健身房，不是只图方便，而是即使花费大量时间和金钱，也要选择去更优质的健身房。

4.7 参考文献

Algar, R. (2015). UK Boutique fitness sector report. Oxygen Consulting.

简单策略

顾客要求技术优化的体验

技术的发展导致社会的变化，进而影响消费者的需求。这就迫使健身企业去着重关注整个客户旅程。有 3 个重要方面。第一，消费者期待灵活和选择。不是让客户适应服务，而是让服务适应客户的需求和愿望。第二，消费者期待进行交流。他们希望交流，但是要用自己的方式，所以需要充分利用社交媒体、移动应用程序和其他通信工具。第三，消费者期待良好体验。

他们最不喜欢的事就是被当作路人，那么关键就在于我们可以利用从各种技术和软件工具中获得的大量数据，为客户提供个性化的体验服务。

Algar, R. (2015). Health club industry mid-market report. Oxygen Consulting.

IHRSA (2015). Health Club Consumer Report. Boston, USA.

Nielsen (2013). Les Mills Consumer Fitness Survey.

Tharrett, S. (2013). Studio success: Authoritative guide to owning and operating a fitness studio. Association of Fitness Studios.

SoulCycle (2015). IPO document. All statistics are taken from SoulCycle's 2015 IPO document.

11 10 9 8 7 6 5 4 3 2 1
1 2 3 4 5

第5章

如何利用私教服务提升客户经营与客户体验

第5章 如何利用私教服务提升客户经营与客户体验

简·米德尔坎普

5.1 简介

本书的重点主要在于，健身俱乐部的客户经营和客户体验。这种模式有一些典型的特色，例如相对有限的个人接触。这跟私教训练（PT）有所不同，私教训练中，教练员通常每周会给客户进行多次面对面的指导，还有大量通过软件、邮件、Facebook 或电话等其他形式的联系。那么在这种模式下，客户经营和客户体验该如何开展呢？私人教练做哪些努力才能对其进行优化呢？接下来的章节里，我们将对这些问题展开讨论。

5.2 体验经济

一般谈到“体验”的时候，或者就私教训练方面更具体而言，我们一定要先从那本著名的书——《体验经济》（派因和吉尔莫，1999 年）开始讨论。在考虑平均收费时，私教服务被认为完全体现了体验经济的特质，客户进行一次私教训练，通常需支付大约 50 欧元，每周完成 1 ~ 2 次，每月在这方面的花销约数百欧元。罗德（2016）提到，私教训练是注意力经济的一个非常好的案例，因为它是这个行业的关键驱动因素之一。

图 5.1 展示了价格、客户需求和经济价值提升方面的竞争地

位之间的相互关系。这个模型最常应用的就是咖啡豆消费市场。

- 一颗咖啡豆被认为是一个商品，具有非常低的经济价值及价格，一颗豆子的成本几乎为零。
- 当这些咖啡豆被研磨、包装，并被冠以一个品牌时，它的价值开始剧烈增长，在超市里，咖啡的价格通常在 2 ~ 3 欧元。
- 然而，当你在一家品牌咖啡店点一杯咖啡时，还会有附加服务，例如杯子、饼干和方糖，它的价格将大幅上升，超过 3 欧元，这仅仅是一杯由几颗咖啡豆制成的咖啡。
- 当同一杯咖啡出现在一个风景优美的高端场所时，例如在威尼斯，这杯咖啡的价格能够达到原先的 2 ~ 3 倍。

总而言之，当客户体验到良好的服务时，价格就会上升；而当顾客体会到一些独特的东西时，价格会增加更多。

私人教练可以通过解决多种健康相关的问题，如锻炼、健康饮食、起居、睡眠、吸烟问题和放松（压力释放），从而提升客户体验。

在私教训练的大背景下，需要提出以下几个重要的问题：“什么程度的客户体验才可以称之为 PT 服务？并且，如何才能提高这种价值？”下面，我们就这些问题的实际观点进行了总结。

图 5.1
经济价值提升
（派因和吉尔莫，1999）

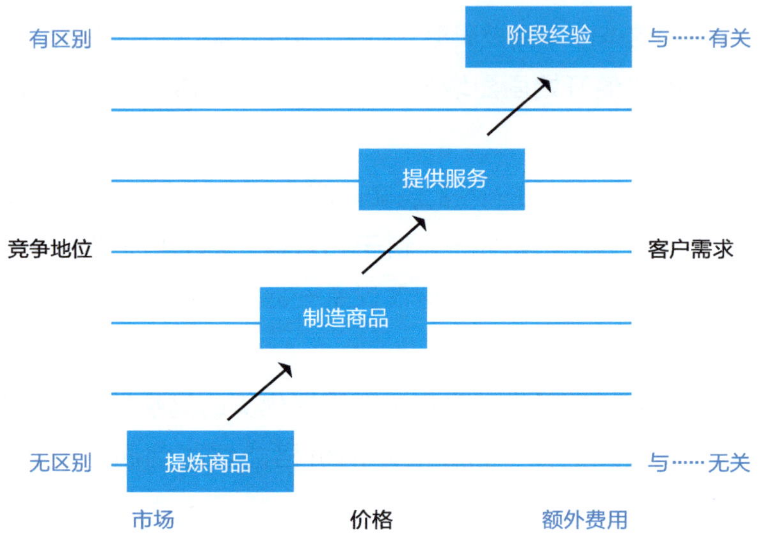

- 提供客户所期望的结果：这是对私人教练作用的描述中最重要的部分。有了这些结果，教练的价值就能得到提升，达成的结果越多，这个教练的价值就越大。
- 以专业的态度和沟通提高专业性：跟进客户（以纪律约束），加强锻炼动机，增加自己的知识以提升专业性。
- 通过多种方式增长知识：参加课程培训；每月读一本书，把你读到的（学到的）应用到工作中，观察和模仿专业的私人教练。
- 通过更好的营销，提升附加值：提高知识水平和专业素养，着装上更专业等。

- 解决多种与健康相关的问题，例如锻炼、健康饮食、起居、吸烟问题和放松（压力释放）。

5.3 通过私教服务提升会员管理

在私教训练中，随着时间的推移，教练和客户之间的忠诚度会逐渐增强。关于关系发展和交付结果的不同阶段，可以从两方面进行区分。在私教训练领域，基于这些阶段来管理客户、采用适当的教学方式以及与单个客户沟通是至关重要的。表 5.1 中，详述了私教训练领域中客户经营的三个阶段。

在表 5.1 的大背景下，这本名为《信任的速度》（科维，2006）的书讨论了关于私人教练两个简单却至关重要的问题：首先，我信任自己吗？其次，我是一个能够让人信任的人吗？科维谈到了对于建立信任来说关键的四个核心。它们是：整体性、目的性、能力和结果。整体性和目的性是性格核心，能力

表 5.1
私教服务领域中客户经营的各个阶段

阶段	描述	主题
业务经营	在开始阶段，跟客户的关系主要是业务上的	在这个阶段，重点在于实现客户的期望，最好是超过他们的期望。客户和教练逐步彼此了解，建立信任
个人经营	客户在教练的多次训练下，时间长了，将建立更加个人的关系	开始建立下一阶段的信任，双方将分享更多的个人信息，明确告知客户，这些信息都将受到严格保密
情感经营	关系继续深入发展，形成更多的情感连接	这个阶段保密性更加关键，这里有了最大程度的个人接触，这就意味着，信任非常关键

和结果则是竞争力的核心。

第一个核心是整体性，这个比诚信更加重要，整体性是由除了诚信以外的其他三个美德组成的。所谓表里如一，就是一个人的每一个行为都能体现出他高贵的品格，想做的和在做的两者之间毫无出入。谦逊对自己很有好处，它是一种能够注意到他人优点的能力，勇气则是一种做对的事情的能力，即使这件事可能很难，当你想要做一件你认为对的事情时，不管结果如何，你都能够勇敢去做。

第二个核心是目的性，这是我们价值体系的一部分，这就是教练如何知道自己应该怎么做，科维把目的性划归到三个方面。动力，是你为什么要做你所做的事，建立信任的最佳动力是真诚地关心他人。如果你对他人并不关心，也没有关心的欲望，那么不妨诚实一点，让别人知道，你并不关心。如果你不关心，但是又很想关心，那就开始做关心别人的事情，做出行动之后，那种感觉会随之而来。

第三个核心是能力，简而言之，是教练应该具备的天赋、技能和知识，以及确保他们能够在客户面前有出色表现的能力。天赋应该是私人教练天生就擅长的东西，也是他们平常喜欢去做的事情。态度，是你看待事物的方式，而技能则是那些你已经学会如何做好的事情。风格，是独一无二的行事方式，它和私人教练的个性有关系。

最后一个核心是结果。客户信任那些能够给他们带来想要的结果的私人教练，他们可以从三个方面的结果来判断私人教练的信誉：第一组是往期私教成果；第二组是当前的结果；第三组则是教练未来能够完成的潜在结果。在私教服务的客户经营方面，信任是一切影响因素中最关键的一个，应该小心谨慎地建立长期的信任关系。

客户经营及其结果

表 5.2 中，详述了私教服务客户经营及其结果的四个任意阶段，这里强调的关键信息是，私教服务客户经营的结果随着时间的推移和每一阶段不同的教学需求而发展变化。

很多私人教练都会跟他们的客户建立非常良好的关系，私人教练应该努力发展积极而富有成效的合作关系，这其中包括业务关系和私人关系之间的平衡。确保这种关系或者说

表 5.2

私教服务客户经营及其结果的几个阶段

阶段	描述	主题
着重改变行为的阶段	着重于行为改变的方案的初始阶段	初始阶段，还没有可以计量或可见的身体上的进展，重点在于运动和膳食营养行为
初期可见的结果	初见成效，但效果（身体上）也很局限	在这个阶段，客户开始看到或是感觉到变化：他们也已经发生了显著的变化，重点仍然强烈地表现在行为上
预期结果	实现了预期的结果和目标	这个阶段，来自于方案的满足感是最大的，评估既定目标，并清楚地表明这些目标已经实现
保持结果	应保持预期的目标，并设置新的健康行为目标	明确表明客户应坚持训练，以保持这个结果，设置新的具有挑战性的目标，从而帮助客户维持现有的训练成果，增加与客户期望结果相关的其他行为目标

约定，具有商业意义，而不仅仅是一种朋友关系，因为向朋友要求付款会更加困难。不过，当然，还是应该有一个非常牢固的个人接触和私人关系，诚实和彼此熟悉也很重要，但永远不要做出暗示暧昧的评论，即使客户表明自己想要的远不止是训练。

5.4 客户联系和旅程：一个案例

私人教练和他们的客户之间的互动最初主要发生在指导训练期间，这个阶段可能会涉及比较密集的接触，特别是在一对一的会话过程中，不过，在健身指导之前或之后，私人教练和客户之间也可能发生以下几种方式的接触。

- 面对面。
- 电话联系。
- 网络（包括电子邮件和社交媒体，例如 Twitter）。
- 移动终端应用程序。
- 明信片。

除了这些接触渠道之外，还有 3 种与客户联系的方式。

- 社交性或与之内容相关的评论。
- 关于身体或是精神水平的建议。
- 注重毅力和乐趣的激励。

在评估性接触中，私人教练会回顾他们前一阶段的训练项目，或是展望下一阶段的健身目标。这可能是社交性的，但在许多情况下也跟训练项目的内容相关，它通常会转变成一个建设性意见，客户可以得到一些新的提示，或是提醒他们现有的指导方针，这种联系通常也有激励因素，从而促使客户坚持下去。

接触计划

联系渠道和内容都包含在接触计划中，私人教练可以绘制一个基本的示意图，最好是通过在线 CRM 客户管理系统进行，这样他们就不会错过重要的接触安排了。不过，这个计划不能太过严苛，因为对客户来说，这仍然是一种私教训练的体验，因此，灵活性和客户感受是非常重要的，但是这个计划还应该提供指导和一致性。

简单策略

通过特殊的推广方式吸引老年人

在许多国家，老年人在健身会员中的比重并不高，但他们是一个非常有趣并不断增长的新目标群体。他们有时间，有经济能力，当然也需要更活跃，让老年人加入您在本地老年人之家的健身俱乐部（低于普通会员价格，并在人流低谷期使用），是一个值得考虑的特别推广方式，也许可以在当地高尔夫俱乐部进行推广。一定要在宣传册里强调，为什么每周至少进行一次力量训练对老年人而言是非常重要的（因为我们的年纪逐渐增长，如果不训练的话，肌肉组织就会慢慢萎缩）。一种经过测试和验证的方法：在当地高尔夫俱乐部进行一次推广活动，由健身俱乐部的某个人到高尔夫俱乐部去做一个关于为什么（力量）运动对所有人，尤其是老年人如此重要的讲座。

表 5.3

私教训练中的接触计划示例

6 次课时	12 次课时	20 次课时	NO.
可选项目：12~24小时内进行第1次课时；确认（或服务）电话。 第1次课时24小时之后：打确认电话	可选项目：12~24小时内进行第1次课时；确认电话 第1次课时24小时之后：打确认电话	可选项目：12~24小时内进行第1次课时；确认电话 第1次课时24小时之后：打确认电话	1
			2
第3次课时后：发送个人评价卡	第3次对话后：发送个人评价卡	第3次课时后：发送个人评价卡	3
			4
第5次课时之前，开一个进展总结会	第5次对话之前，开一个进展总结会	第5次课时之前，开一个进展总结会	5
销售流程结束，进行更多会话			6
	第6次对话24小时之后：打一次评估电话	第6次课时24小时之后：打一次评估电话	7
			8
			9
	第10次对话之后：发送激励问候卡	第10次课时之后：发送激励问候卡	10
	第12次会话之前，开一个进展总结会	第12次课时之前，开一个进展总结会	11
	销售流程结束，进行更多会话	继续联系：通过App，电话等方式	12
			13
			14
		第14次课时24小时之后：打一次评估电话	15
			16
		可选项目：赠送个人小礼品	17
			18
			19
		可选项目：提供个人午餐	20

5.5 行为性指导

私人教练和他们的客户对训练项目的参与与合作，对所呈现的训练结果（预期结果）有强烈驱动作用，因此每周应包含多组一对一的运动项目。事实上，私人教练的核心任务在于对客户进行一系列的健康行为指导，让客户养成一个健康的行为习惯，包括运动和健康饮食（营养）。

为了以结构化的方式组织行为性指导，私人教练应该使用经过验证的模型体系，此类模式有多种，如行为改变的跨理论模型（TTM）（米德尔坎普等人，2014）。这个模型的核心结构是改变阶段，以这个模型为依据的行为指导，应该与每个客户特定阶段的特定健康行为相匹配。

为了以结构化的方式组织行为性指导，私人教练应该使用经过验证的模型体系。

正如本书中前面讨论过的，这些阶段（简而言之）：未考虑阶段，那些不想要改变的客户；考虑阶段，打算在未来 6 个月内改变的客户；准备阶段，包括那些准备改变的人；行动阶段，已经在行为上有所改变的人；维持阶段，某种改变已经维持了一段时间，至少 6 个月；终止 / 复归阶段，一方面积极保持他们的行为，另一方面又很有可能懈怠，重新回到原先的行为方式，返回第一阶段或第二阶段的客户。

TTM 是一个综合性的模型（瓦莉瑟等人，1998；米德尔坎普等人，2014），运用了其他模型或理论的核心结构。TTM 的组织性结构是它的改变阶段。在一般训练中增加健康行为，或在个人训练中增加更加具体的训练行为，最终意味着客户在变化阶段中不断进阶，而自我效能的构建，决策平衡和变化流程都支持了这一个进阶。决策平衡是 TTM 模型第二个重要的结构，它包含了改变行为模式的两个主要衡量尺度——利与弊。

有 4 个方面的优点：

1. 有利于自我的益处；
2. 有利于他人的益处；
3. 自我认同；
4. 他人的认同。

还有 4 个方面的弊端：

1. 对自己造成影响的损失；
2. 对他人造成影响的损失；
3. 自我抗拒；
4. 来自他人的阻力。

从事物发展的初期阶段（未考虑到考虑阶段）到行动阶段，利弊两方面因素对人的影响是至关重要的。

第三个结构是自我效能（班杜拉，1997）。简而言之，自我效能是一个人对克服自身、社会和外部环境种种障碍，完成训练的自信程度。

自我效能通常分为两个方面，并有两个衡量尺度：屏障效能是个人克服各种障碍，完成训练的信心；负面诱惑，是指一种消极的冲动，它能让本体恢复到过去的行为习惯当中。

根据自我效能的概念，有两个重要的因素能够影响到本体自身采取行动和坚持锻炼行为的信心：第一个因素是效能期望，即对自身能力的信念；第二个因素是本体对锻炼行为的预期结果或成果之信念的一个预期。自我效能理论认为，人的行为受到自我调节的影响强烈。自我调节机制通过三个子功能运作：第一个是个人在决定因素和后果上的自我监控行为；第二个是对个人标准和外部环境的判断行为；第三个是情感的自我反应。要想提高客户的自我效能，私人教练首先应该支持他们选择正确的运动项目，从而增加其效能期望；其次，他们需要指导客户管理结果预期，例如，通过设定或跟踪相关目标。

第四个结构是计量 10 个改变的过程，它们可以被分为 5 个认知过程和 5 个行为过程。

5 个认知过程包括：

- 意识的觉醒（例如，查找信息）；
- 戏剧性的释放（例如，改变的情感方面）；
- 环境的再评估（例如，不爱锻炼如何对社会产生影响的评估）；

- 自我再评估（例如，自我价值的评估）。
- 社会性解放（例如，认识和接受社会中积极的生活方式）。

5 个行为过程包括：

- 对抗性条件作用（例如，休闲放松的时候，选择 PA 代替久坐的方式）；
- 互助关系（例如，在改变期间借助社会性的支持）；
- 强化管理（例如，改变期间的自我奖励）；
- 自我释放（例如，关于改变的承诺和自我效能的信念）；
- 刺激性的控制（例如，对促进积极或消极影响因素的管理状况）。

图 5.2 表明，这些阶段决策权衡的利弊也是不断发展的，初级阶段，利和弊都起着重要的作用，这就意味着利和弊的此消彼长。

图 5.2

改变阶段，利和弊的发展趋势

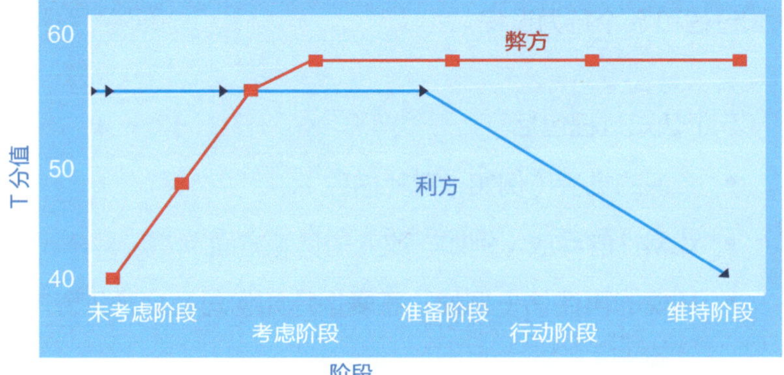

从自我效能感来看，其发展可以从屏障自我效能感和负面诱惑、不锻炼，两个同等类别加以呈现。随着改变阶段的不断发展，前者会逐渐增加，因为锻炼过程中会获得越来越多的策略以克服障碍，而后者会逐渐下降。

图 5.3
改变阶段，自我效能感的发展趋势

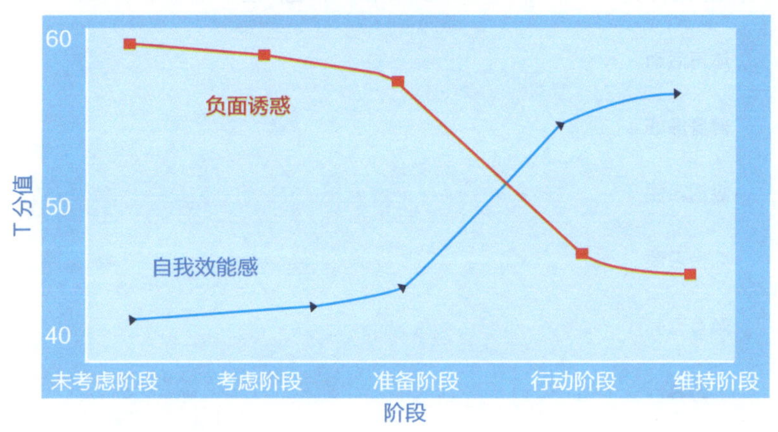

TTM 模型有力地证明了行为性指导应该针对客户的特定阶段。在未考虑阶段，利用自我效能来驱动锻炼目标，是没有任何意义的。记住，定义一个人的变化阶段，应该从每一种健康行为的角度计量。

在图 5.4 中，以某个设想的人的改变阶段为例，总结了多种健康相关行为，如体育活动、健身锻炼、膳食营养、吸烟习惯和久坐习惯等。在这个人的案例中，我们将他命名为简。很明显，他正准备开始一项锻炼计划，所以支持简锻炼行为的策略应该要和他现阶段的发展水平相关，当我们谈到他的久坐习惯时，他并没有考虑要做任何改变，但如果他一天要坐好几个时，这种习惯势必会影响他的健康，结果是，我们可能需要通过尝试不同的方式来改变同一个客户的这种行为。

图 5.4
改变阶段，可以配合的健康相关行为

健康相关行为类别	未考虑阶段	考虑阶段	准备阶段	行动阶段	维持阶段
体育活动	x				
健身锻炼			x		
吸烟习惯	x				
久坐习惯	x				
膳食营养		x			
等等					

TTM 中最有效并且最经得起考验的结构就是自我效能感。大量研究表明增加健康和锻炼行为对其有积极的影响（米德尔坎普等，2016；斯宾塞等人，2006），一个人的自我效能感有 4 个来源，分别是：

1. 过去经历的特定行为的实践经验；
2. 间接经验（观察他人成功实现的某项行为）；
3. 口头传授的经验（被告知某一项是有用的）；
4. 唤醒生理感知的体验。

可以通过在客户的锻炼计划中增加简单的实践策略来提高自我效能，如果处于一个特定阶段的话，相同的策略也可以同时在膳食营养或体育活动项目中使用。应该对客户过去的经历有个基本的了解，选择一个能够让他们感到自信的运动项目开始，当他们的自信心增加了之后，再增添一些新的运动项目。举一些其他客户成功完成特定行为的例子，最好是跟你的客户进行类似的行为的案例。在特定行为的替代方案中，所选的运动项目应该有进步或退步的空间。

改变的过程提供了一系列提高锻炼行为和增加客户参与度的策略，认知过程在改变过程的初期是最有效的。例如，一个未考虑阶段的客户可以通过意识唤醒慢慢提升到考虑阶段，例如提供信息并大量释放，或是增加改变阶段的情感方面。这 5 种行为策略都常用于改变的后期阶段，例如将一个锻炼计划坚持到底，在改变期间，借助社会性支持建立关系，也是一种策略，而强化管理则应在一套运动方案的行动阶段和维持阶段实施。

自我管理能力

改变阶段很容易跟行为能力联系在一起，就像表 5.4 总结的那样，设计一个量身定做的客户之旅，以激励私教训练中个人的健身锻炼、膳食营养和行为改变，里面可能还包含预防退步和刺激控制的相关策略。众所周知，很多健身者（约 50%）都会在锻炼约一个月后出现退步，重新回到原来的习惯，必须先给客户们准备好预防退步的方法，并让他们学会重新找回积极的状态。具体的电话联系、APP 沟通、电子邮件邀请都应该利用起来，从而帮助私教训练客户重新投入锻炼。

表 5.4

自我管理 / 自我规范技能概述（安内西，2017）

技能	描述
设定目标	预期结果规范化，包括基于新增进程重新做出调整的短期和长期计划
认知重塑	重塑一个负面思想/或是自荐做一个更加富有成效，也更振奋人心的人
预防退步措施	计划好对达到理想行为过程中，产生的常见障碍的规避措施。为达到理想行为，做好充分的准备，但同时也要容许在此过程中，可能发生的一些过失
刺激控制	设定一个激励机制或触发理想的行为模式
分离法	把那些让你觉得不舒服或者不想要的感觉远远甩在身后的方法
行为契约	完成一系列行为的正式协议
征集社会性的支持	设法取得他人的支持和鼓励，从而达到理想行为

5.6 小结

私教训练的客户经营与客户体验应该着重于私人教练和客户之间的深入了解，以及私人关系的建立。这种关系不断变化，并且随着时间的推移不断递进。一个合格的私人教练，能够为客户做的不仅仅是提供训练指导，重点应放在对多种健康行为的指导上，如健身运动、饮食健康、睡眠或久坐行为。个性化方法可以包含阶段性匹配的指导，运用行为变化的跨理论模型。

5.7 参考文献

Annesi, J.J. (2017). Empowering Weight Loss through the Psychosocial Benefits of Exercise. EuropeActive Retention Report 2017. BlackBoxPublishers, Den Bosch.

Bandura, A. (1997). Self-efficacy: The exercise of control. New York: Freeman.

Covey, S.M.R. and Merrill, R.R. (2006). The speed of trust. CoveyLink LLC.

Fallon, E.A., Hausenblas, H.A., & Nigg, C.R. (2005). The transtheoretical model and exercise adherence: examining construct associations in later stages of change. Psychology of Sport and Exercise, 6(6), 629-641.

Middelkamp, J. and Willemsen, G. (2010). Personal training in Europa. LAPT International, Waalwijk, the Netherlands.

Middelkamp, J, Wolfhagen, P. and Steenbergen, J. (2014). Practical strategies to support behaviour change. EuropeActive Retention Report 2014. BlackBoxPublishers, EuropeActive.

Middelkamp, J. (2015). Bouw jouw business.BlackBoxPublishers, Den Bosch.

Middelkamp, J., Van Rooijen, M., Wolfhagen, P. and Steenbergen, B. (2016) The Effects of Two Self-Regulation Interventions to Increase Self-Efficacy and Group Exercise Behavior in Fitness Clubs. Journal of Sports Science and Medicine (15), 358-363.

Pine, B. and Gilmore, J. (1999). The experience economy. Harvard Business Review.

Rhode, C. (2016). Forecasting and innovation in the fitness sector. In Growing the fitness sector though innovation. Middelkamp and Rutgers (2016). EuropeActive, BlackBoxPublishers.

Spencer, L., Adams, T. B., Malone, S., Roy, L., & Yost, E. (2006). Applying the transtheoretical model to exercise: a systematic and comprehensive review of the literature. Health promotion practice, 7(4), 428-443.

Velicer, W. F, Prochaska, J. O., Fava, J. L., Norman, G. J., & Redding, C. A. (1998). Smoking cessation and stress management: Applications of the Transtheoretical Model of behavior change. Homeostasis, 38, 216-233.

案例研究 09

柏林 Fitbox
电流肌肉刺激（EMS）微型健身房

俱乐部概念

Fitbox 成立于 2012 年，在德国、奥地利和俄罗斯运营着 30 多家 EMS（电流肌肉刺激）微型健身房。创立者们好奇为什么普通健身房有那么多的会员达不到自己的健身目标，他们在寻找原因的过程中发现的事情让人感到震惊，同时也是那么理所当然。大部分会员只是没有去健身！即使的确去了健身房，他们也要么是训练方式有误，要么是训练强度不够 。这正是一个激励和吸引客户的全新方法的起点所在。

客户经营和客户体验

“我不去健身房”的解决方案很简单。在 Fitbox，每一堂训练课都规定了固定的日期，我们知道，日期就是承诺！“我训练强度不够”的解决方案是确保每一堂训练课都配有私人教练。较之您与理发师或医生的预约，Fitbox 的到场率高于 90%。Fitbox 会员对健身房的信用度非常高，尤其只是口头答应时都能做到信守承诺。

结果就是提高销售和留住客户

结果很明显，相比较他们以前使用过的健身房，Fitbox 会员体验到了更快更好的结果。主要原因在于固定的约定日期、私人教练和 miha bodytec 提供的高效 EMS 技术。正如每个健身房专家都知道的，会员更好地实现目标，健身房才能更长久地留住会员！

第6章 向一流的客户导向型航空公司转型

第6章 向一流的客户导向型航空公司转型

安德烈亚斯·哈廷和拉杰什·博斯

6.1 简介

本章中提出了一个欧洲航空公司（从保密的角度考虑，我们将不公布具体名称）的研究案例，该航空公司运营 18 条国内航线和 197 条国际航线，覆盖全世界 78 个国家，有一支超过 280 架飞机的机队。这个研究案例是以德勤的报告为基础的，旨在从另一个行业的案例，以及他们在客户经营和客户体验方面的策略来启发健身行业。

航空公司除了面临竞争压力之外，还要面对日趋增长的顾客需求，就跟很多中等规模健身俱乐部的当前处境一样。作为航空业的领军品牌，该航空公司面临很多新加入者的威胁。此外，新兴的颠覆性技术，例如数字技术，正在改变着这个行业。这些新趋势猝不及防地来临，而固有的传统架构、系统及营销方式难以适应新的形势，让一些航空公司在威胁面前无力招架。

业内公认，这家一流的客户导向型航空公司通过更加个性化的改革，提供新的、创新型的服务和新型数字化的客户体验，从而提升客户满意度，带来新的收入增长。下文将对这一转型过程进行描述和讨论。

这个研究案例旨在以另一行业及他们对客户

经营和客户体验的策略为例，启发健身行业。

6.2 初始状况

该航空公司每天有 1 700 个航班，平均每架飞机大约可载 100 名乘客，每天为成千上万的客户服务。从各种客户接触点可以收集到很多数据，但航空公司只存储了一部分客户信息，如姓名、预订信息和旅客的身份，法律约束和分析能力的欠缺使得他们无法为任何一位乘客创建个人档案，更别说做客户分析，从而导致了航空公司在为客户制定合适的产品或提供其他相关信息等方面的能力较为欠缺。

该航空公司的数据都存储在不同的系统中，很难对客户形成一个全面整体的印象。新技术、互联网的普及、原有竞争者和新兴航空公司带来的竞争不断攀升，让飞机旅行逐渐成为一种商品服务，因而提供更具相关性和个性的差异化服务便成了他们赢得竞争的关键所在。总之，该航空公司努力通过提供更多个性化和实用性的信息、产品和服务，成为了一流的客户导向型航空公司，具体是以下几点。

- 提高客户忠诚度和推荐度。
- 提高转化率。
- 推动更多营业收入。
- 树立品牌价值。

该航空公司推出了一个全公司范围内的方案，设计未来客户体验，开发所需技术和功能基础，通过基于个性化的需求，为每位乘客提供定制化沟通、产品和服务，使之在 3 ~ 5 年内成为一流的客户导向型航空公司。该方案结合了不同的项目和活动，其中包括如下内容。

- 启动专门处理交付的方案团队。
- 顾客体验的再定义。
- 发起、建立和运行卓越分析中心。
- 设计未来的解决方案架构，并将新组件集成到现有的和正在演进的体系结构中。

简单策略

促进可穿戴设备的使用

会员们的大部分时间都花在俱乐部之外，因此，一定要让他们意识到一周 7 天、一天 24 小时的日常活动是非常重要的。不管是简单的运动跟踪或计步器（Fitbit, Jawbone, Garmin 等），还是更复杂的智能手表（苹果，三星等），所有这些设备都有助于改善整体的健身情况。 优点是，教练可以通过它们了解到，客户除了在健身俱乐部的时间以外，都在做些什么。建议每一位教练去试用不同类型的运动跟踪器进行试验，以便根据自己的经验为客户提供建议。在英国，一家保险公司正在给他们的健康保险客户提供五折购买苹果智能手表的优惠，不过，如果不能在 24 个月内每天坚持走至少 10 000 步，那么他们将被要求支付全款。高端市场的健身俱乐部也开始向新会员提供可穿戴设备，作为他们初始方案的一部分内容。

- 建立一个提供解决方案的工程师团队，构建新的组件，如数据湖、决策引擎、客户主数据管理以及初始产品和服务目录。

6.3 方法

为此，一个新的项目交付方法被一个多功能团队使用，以便能在区域项目、客户体验、全渠道、分析、数据引擎组件以及项目沟通方面围绕战略、启动、实施开展工作。企业级的项目交付速度都加快了，特别是在快速推出最小可行性产品时实行大客户优先和驱动个性化客户体验，从而产生连续有效的结果。德勤推动基础计划，实现可持续的长期解决方案，为全球旅客提供个性化客户体验。

图 6.1
战略概况：波次计划

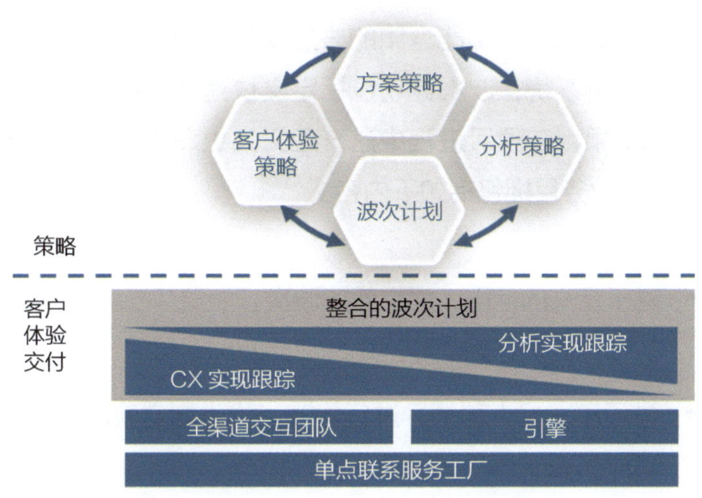

将国际化、多功能的专家网络应用到战略、营销、客户体验、数字、创新、数据分析、信息管理，以及与德国、美国、英国、荷兰和印度的通信等方面。为了达到商业目的和项目目标，他们制定了一个波次计划和交付功能，负责整个方案的业务架构、采购、时间轴开发、依赖关系识别、范围界定和综合项目指导等。

图 6.2
波次计划

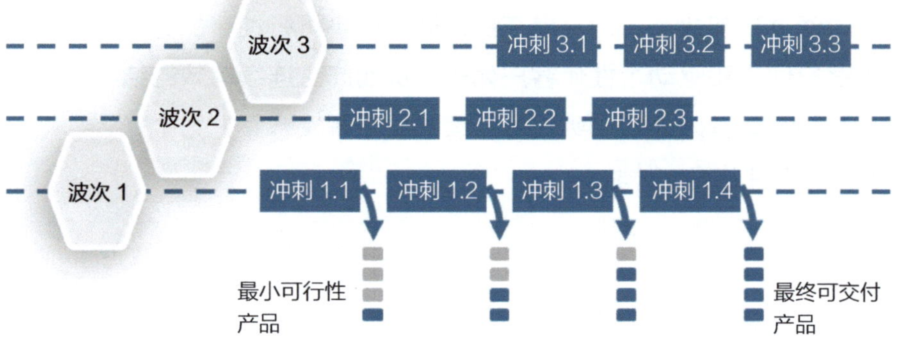

波次计划和交付功能运用的方法映射了面向数字业务发展的敏捷的交付系统，波次计划包括定义快速生产最低可行性产品的冲刺结果，在项目进程中这一定义又更深入了一层。波次计划和交付业务目标包括如下内容。

- 基于定义的范围，建立新的波次。
- 基于技能简介和团队架构的资源鉴别。
- 与项目发起人和领导进行协商，优先制定波次计划和方案时间表。

- 项目进程中，业务与技术性功能协作运行，从整合的、敏捷性方法中获益。
- 建立波次导向、内外部利益关联性的指导，以及在规划工作方面的具体职能合作。

波次计划和交付的项目价值包括如下内容。

- 建立并启动数十个满足业务需求的波次计划。
- 通过波次发展架构完成约百个最小可行性产品的开发。
- 整合项目团队，运用快速敏捷的开发流程以满足业务需求。
- 由于波次架构的成功实施，收入得以增加。

6.4 客户体验

企业范围客户转型方案的主要目标是客户个性化和按需提供个性化的沟通、产品和服务，从而创造在关键客户接触点有意义的体验。然而，航空公司现有的执行方法重点主要放在内部流程上，以技术为导向，很少体现客户体验设计思想。有必要设计和执行以客户为中心的战略驱动转型路线，这对实现预期的战略和财务目标是至关重要的。

作为此航空公司的战略顾问，航空公司的战略工作流通过规定在合适的时间通过合适的渠道将合适的服务交付给合适的客户，从而帮助其鉴定个性化的客户体验。

图 6.3
活动阶段

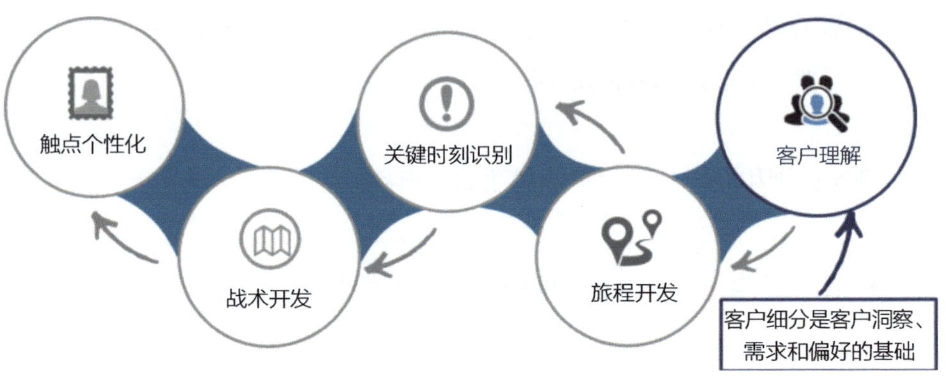

为了达到预期的目标，需要执行以下 4 个主要活动阶段。

- 客户细分：构建航空旅行的客户“景观”；决定关注哪些客户；甄别这些客户，以及航空公司在获取和保留自己的客户群上所面临的动力、阻力、优势和挑战。
- 评价客户旅程：使用客户体验调查、人种学研究、高管人员和普通职员访谈、德勤和中小企业客户访谈，评价当前客户旅程状态，以及每个优先客户群的关键时间。
- 定义未来状态体验：围绕确定战略、流程、人员、技术和分析能力的关键时刻，可在未来交付的个性化体验，以激活所识别的体验。
- 定义路线图和执行计划：执行计划的关键概念（例如指标、度量、项目管理、变更管理、业务经营等）是逐渐发展的，实现目标的能力也有优先次序。

图 6.4
目标客户和细分市场

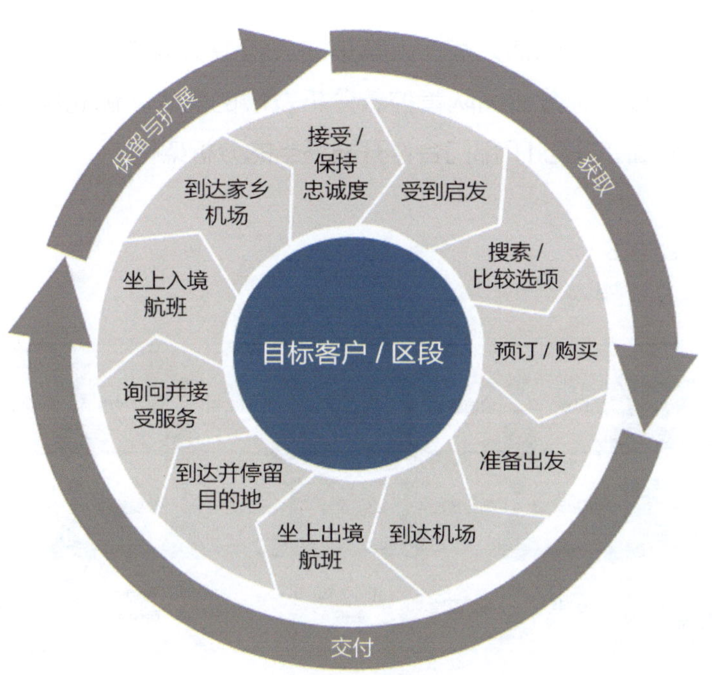

对该航空公司而言，它的益处在于对客户体验的愿景和追求有一个企业范围内的清晰一致的定义。个性化的客户体验是为了提高客户的满意度，通过辅助销售和提高客户忠诚度来实现利润的增长。执行路线图的制定是为了帮助实现该方案 2020 年底收入超过 2 亿欧元的目标，并稳稳地将该航空公司推入通往五星级航空公司的跑道。

6.5 卓越分析中心

该航空公司曾经在外界帮助下，在项目内开发和运行了卓越分析中心，将通过在整个企业内提供分析而超越原来的方案。这种转变是通过开发一个用于分析的目标操作模型来实现的，分析范围包括人员、人事策略、组织结构和技术环境。在操作层面上，分析团队管控着分析发展的需求、优先次序和排序等方面，并与 IT 部门合作开发适当的分析架构。

图 6.5
分析架构

卓越分析中心由三个主要单元（即数据、仓库和工厂）组成。

数据仓库

作为卓越分析中心的一部分，数据仓库被建立来探索数据驱动的使用案例，旨在开发和培训一些模型以及探索合适的技术。经验丰富的数据科学家帮助建立了一个创新的分析仓库团队，运用最新的分析工具、创建了数个使用案例以及设计为可复用的分析功能和数据表。该项目计划由一个强大的预测模型做支撑，实现了对目标客户的精准沟通，对传统的客户关系管理数据和非结构化博客数据进行模式识别和聚类分析，结果发现分析的被可视化处理、记录归档并提交给行业组织。

图 6.6

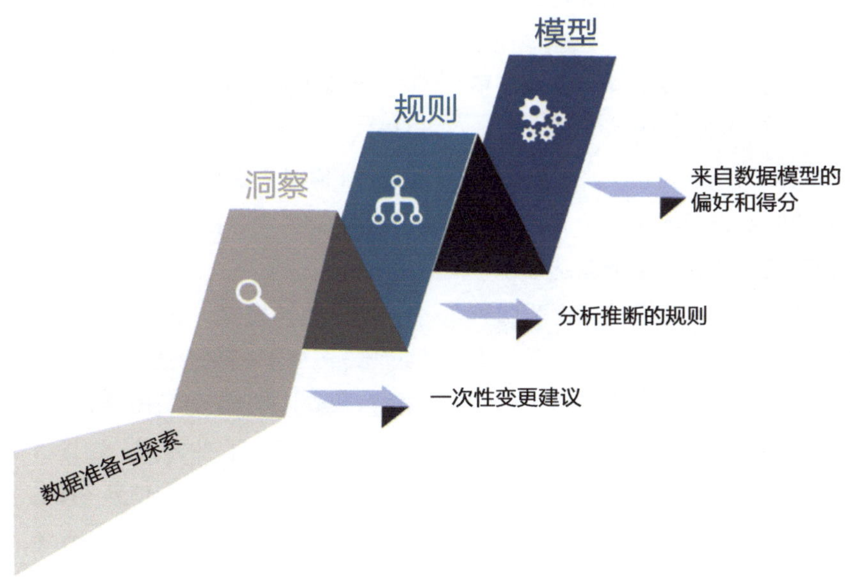

案例研究 10

Nuffield Health
领先的英国非营利医疗机构

60 年来，Nuffield Health 一直倡导满足个体需求的医疗与健康，并将其带给成千上万的健康专家。我们拥有 111 个健身中心，212 个企业型健身健康中心，31 家医院和 5 个独立医疗中心，我们是英国一家一流的非营利性医疗机构。

正如我们所支持的每一个人，我们是独一无二的。作为一个非营利组织，我们为把利润再投资于专业知识和服务而感到自豪。 我们也知道，对于某个人来说适当的东西，并不一定总是对其他人适当，所以我们才始终信任那些将客户放在第一位的医疗机构。

2016 年我们收购了 35 个维珍行动（Virgin Active）健身俱乐部，帮助我们开拓了地理版图，使得我们成为英国第二大健身行业供应商。正因拥有超过 550 000 个健身俱乐部成员，我们的“明星”健康服务，比如健康 MOTs 和物理疗法才得以广为人知。

我们还推出了一个情绪健康服务，包括认知行为治疗、心理咨询和其他心理疗法。情绪健康和身体健康一样重要，在我们的健身中心和医院都有相关服务。

由于这些发展，Nuffield Health 是目前唯一一家拥有全面健康服务清单的独立医疗机构，范围囊括健康评估、营养治疗、心理健康、职业健康、物理疗法，其中，除了英国国家医疗体系（NHS）和员工福利之外，Nuffield Health 还拥有最大的理疗医师脉络网，我们跟富时榜（FTSE）前 100 位以内的 60% 的企业都有合作。

在短期基础上，咨询师可以通过开发的分析模型来增加收入。在长期基础上，该团队帮助逐步奠定了一个创新数据科学团队的基础，在一个数据驱动公司的关键组成部分成型过程中担当了重要的推动者。

数据工厂

数据工厂的作用是，将数据仓库创建并启动的个性化技术和方法实现工业化。统计模型、模型训练和结果分析（按照客户体验的性能指标（CXPM）进行跟踪）在大数据平台上进行扩展，与现有的企业数据仓库紧密结合，以持续提供各种用于实时决策的数据。

其结果采用工业化的先进的分析，驱动，提供关于“谁一什么一何时（Who-What-When）”的解决方案，它通过各种客户渠道用如下方法实现的。

- 标准方法和操作模型，用于在大数据平台上扩展分析命题。
- 数据基础和内置功能，不仅跟踪单个波次的成功，也跟踪整个方案的成功。
- 一个决策引擎，可以管理来自较大组织内的其他职能部门利用规则处理工具时出现的冲突和触发器重载，以便能向客户传递正确的信息。

引擎

该引擎给三个不同的区域都提供了新的解决方案组件，从而成为应用敏捷项目方法的国内外联合团队方案的一部分。

- 客户档案管理和独特的登录服务：
  关键组件是一个公司的主数据管理工具，它拥有强大的数据虚拟化和整合能力。
- 数据存储和评分模型：数据存储的关键组件是一个通过 Hadoop（Cloudera 发布）支持的数据湖，Hadoop 支持存储非结构化数据。继而将数据放到评分模型里进行分析，评分模型又针对特定用例（例如升级，贵宾休息室）生成客户亲和度评分。
- 中央数据驱动规则引擎：这个规则引擎使用生成的亲和度指数来决定，哪些可用产品和服务可通过不同数字接触点（网络、移动网络、应用程序、电子邮件、时事通讯等）提供给客户。中央规则引擎是通过 Tibco Business Events 启用的。
- 接口：该引擎主要还通过标准接口 / 服务（即 REST/SOAP）而不是企业服务总线（Tibco 的 ESB）将自己

简单策略

将更多的营销沟通重点放在运动的益处上。

健身普及率最高的国家（挪威）有 20% 的人口都经常去健身房，而普及率最低的（俄罗斯）只有 2% 的人口是健身俱乐部的会员，所以，如果你的大部分受众并不了解健身服务，或者不了解它的价格，那么，一开始就谈论价格是不明智的。但从经常锻炼和健康的生活方式的诸多好处入手，开始你们的对话将会更好一些。

集成到现有的技术基础设施中，以顺应客户面向服务的架构。

图 6.7

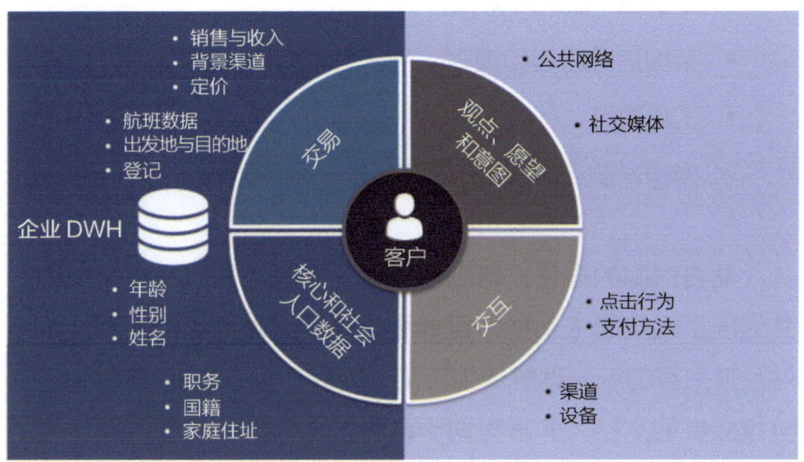

6.6 解决方案架构

解决方案架构的设计，旨在将最先进的未来架构整合到现有的、不断变化的布局和大纲中，以过渡到目标蓝图上。架构师必须要处理的约束是，现有的基础设施限制、未来的发展、对先进技术的需求 / 需要，实践应用的最佳优化和正在进行的小组计划。关键的构建模块是多渠道的用户界面、数字平台与相关系统集成、规则引擎（复杂事件处理）、用户数据管理、产品和服务，以及带有 Hadoop 数据湖并集成到企业数据存储库的分析平台。交付的详细元素包括如下内容。

- 技术目标蓝图。
- 方案草图。

- 解决方案架构设计和演化。
- 系统和接口库。
- 到目标图的转换路径。
- 跟小组 / 相关方案和计划的整合及联结。
- 架构指导原理和规则。
- 工具决策。
- 架构评测和波次交付监理。

随着时间的推移，德勤提供了一个一致的解决方案架构，并给出了相应的未来技术目标图，这使得对项目中关键技术组件及其交互的统一理解成为可能。为现在和未来 IT 景观和演化阶段提供的文档，非常有助于改善公司内部技术部门和业务职能部门，以及与外部供应商之间的沟通和协作。

图 6.8

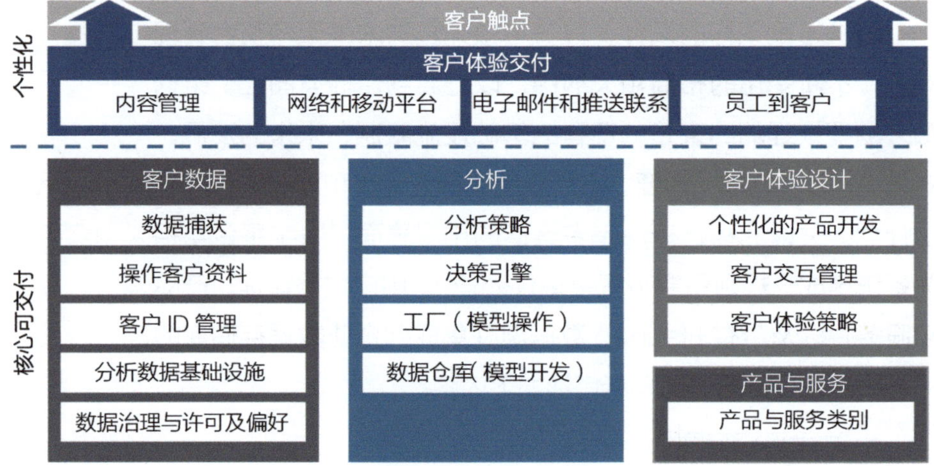

该解决方案体系架构还为未来的架构设计提供了指导原则，并为现有的临时解决方案以及需要保护的系统 / 数据创建了透明度，由此出现了一个安全概念。

沟通

一个全新的沟通方法被落实，并成功执行。在通往最终结果过程中的微小进步和成就，都要跟涉及该项目的员工和客户保持持续沟通。这种改进的方法整合了利益相关者的具体需求，并为不同的利益相关者提供了相关的信息，因此，可以说是一种个性化，同时也被发现是一种达到沟通的路径。

图 6.9

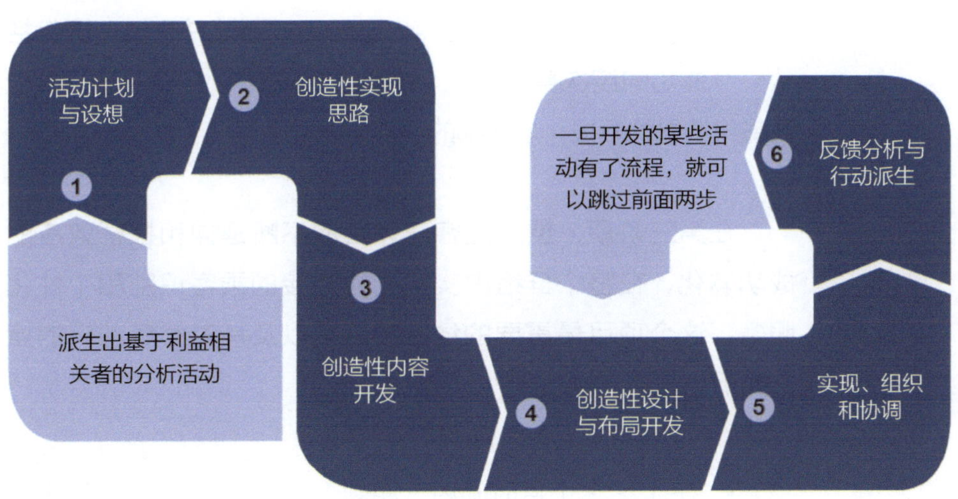

由于员工缺乏体验新服务的机会，所以创建一个沟通团队，使得这些服务对员工来说是有形化的，目的是为了确保对新创造的创新事物有更深入的理解。在线模拟、ipad 点击仿制

品和可视化的目的是帮助员工体验最终结果，确保创新切实可行，有助于进一步推动组织内以客户为中心的方法。

6.7 小结

该项目分为 3 个阶段。

1. 开始和准备阶段。
2. 优先级的客户体验认知。
3. 个性化客户体验的扩展，再加上新的数字化景观。

随着第二阶段的结束，所有的模块都建立起来，且发展成熟了，第一组重要的有形结果也已经完成测试并交付。这包括从一个成功的波次意念产生、启动，到交付，并投入运行，以及最终结果的汇报，这全部的步骤。

在第三阶段，重点是客户体验的不断延伸和杠杆效应的成功转化，在整个群组内实施无缝对接的乘客识别和个性化服务。这个项目最重要的经验教训，以及其对健身部门的意义如下。

- 在 1 ~ 2 个月时间内（冲刺），完成有形结果（最小可行产品）的持续交付，在 4 ~ 5 个月整个时间段内（波次）支持结果的敏捷性和透明性。
- 每一次交付都应在其影响性及其对项目整体成功的贡献的可测量方面具有可追溯性（例如收入和客户满意度）。

- 整合波次团队——将跨越职能和业务部门的专家都聚集起来，让每个小团队（4 ~ 6 FTEs）分别负责一个波次。
- 强波次引起的端与端之间的责任联系，从波次计划到交付，再到操作实施（波环关闭）。
- 一次付诸实践的计划需要成为每次交付的一部分，确保从转化到实施环节环环相扣。
- 对范围、相关要求和解决方案设计的明确定义，是方案做出按需改变的决定，跟踪方案的整体状态和最终的成功结果的关键。
- 因为作出决策和确定优先级不容易，尤其是在新的环境下，一个清晰的流程、准备和频率，严格执行决定和优先模板是关键。
- 想要在一个既定且僵化的 IT 流程的数字世界里寻求敏捷

简单策略

客户想要更多的个性化服务

从某种意义上来说，互联网匿名性已经成为一种烦恼，人们通常不喜欢匿名，因为我们都感觉自己很重要，这就意味着人们不仅想要找到他们希望找到的信息，还需要这些服务针对个人量身定做。这种程度的个性化的关键是数据，智能设备，如手机、可穿戴设备等，都能够生成大量的数据，但也可以使用内部技术，比如访问控制和调度软件来生成。所有这些数据可以被用于健身行业的客户分析，从而提供高度个性化的服务，提供个性化的训练和营养计划，按需购票，量身定制营销优惠，及时发送励志短信等等。

性和灵活性时，需要准备应对变更管理。尽可能早地参与传统 IT 流程的倡导，确保接受新的方法。

- 沟通和透明化是关键，需要一个坚实的概念和执行，以通知整个方案（内部）以及涉及的不同利益相关者，特别是受到影响的组织相关部门（外部）。

6.8 参考文献

Harting, A. and Bose, R. (2016). Deloitte Case Study: Transformation into the leading customer-focused airline.

案例研究 11

1610 Somerset
英国最大的普拉马健身房

1610 是一家有 20 个休闲中心的集团公司，总部位于 Char 村庄，是英国最大的普拉马健身房，从地板、墙壁到灯光，营造了安静的环境，创造了全新的健身体验。该组织目前正在推动团体运动计划，达到每周 94% 的入住率和会员销售超额指标。

该组织提供了一个社交环境，这是娱乐性的，为客户的需求而量身定制的，并最终支持会员实现其长期目标。为每一位客户提供个性化的客户体验，是 1610 所有营销方案中最关键的驱动力。

2015 年开设的另一个 1610 分店，也完美验证了1610中心的客户经营理念。

金·艾尔弗雷德体育中心的健身房，是第一个嵌入世界各地学校网站上的健身中心。它对那些对结构化运动并不怎么感兴趣，也不打算参加健身俱乐部和注册健身中心会员学生来说，证明存在积极的作用。这个组织的成功几乎是不可复制的，自然也不通用，1610 已经发布了一系列新产品和服务，包括已经习惯活动和听讲故事的低幼孩子的运动项目。还有一些身体残疾的孩子也可享受到的体感性强，符合音乐天性的产品。除此之外，还提供 GP 推介、运动表演和公司活动等服务。

第7章 客户经营与客户体验的数字视角

第7章　客户经营与客户体验的数字视角

布莱恩·欧·洛克

7.1 简介

在欧洲，超过 81% 的家庭都连接了互联网，近 65% 的家庭接入了移动网络，几乎所有一切都在经历飞速发展的数字化进程，这毫不奇怪。随着智能手机和一些其他的智能设备越来越频繁地出现在我们的生活中，当我们轻轻点一下手机程序中的某个按钮，就能叫来一辆出租车时，或者当客户通过 Twitter 询问关于预订的问题时，为您服务的航空公司立即响应，这样的客户经营对客户体验的影响是不言而喻的。

事实是，我们这才刚刚开始，改变的风暴不会随着类似优步这样的应用程序和即时 Twitter 的出现而停止。现在的客户经营和体验更是越来越丰富了，连锁酒店（例如 Four Seasons），为那些通过数字化渠道入住并将他们的照片分享到社交媒体的客户，提供个性化便签和免费甜点。亚马逊无人便利店（Amazon Go），由电商巨头发起的新零售概念：允许客户带着他们的 APP 一起逛商场，随便拿走他们想要的商品。亚马逊声称它可以通过计算机视觉和深度学习技术自动追踪物品（美国有线电视新闻网，2016），当你完成购物时，直接拿着商品离开就行。

谷歌的 Nest 可以根据你的外出和回家时间，来调节房间的温度，从而节省能源，提高舒适度；而 Alexa（互联网零售商，2016 年）通过亚马逊平台运用你的声音，给你的宠物提供最新的服务。对了，顺便说一下，它会自动通知你什么时候送过来。关于客户经营和客户体验的技术革新案例，我还能列出很多很多，为什么我们不能把这些技术应用到所有其他的客户体验和客户经营当中呢？相信我，客户在体验和参与消费过程中遇到的每一个问题，他们都会提出来，尤其是一些不符合新时代标准的，现在是时候围绕这些新范例去发展健身行业了。

7.2 数字化对客户经营和客户体验的重要性

在 2015 年的一本书《X：当商业遇上设计的新体验》中，作者布莱恩・索利斯这样写道："体验是新的品牌，更多的体验就是更多的新品牌，未来是体验式的。"索利斯是对的，随着技术进步带来的更好的体验，也驱动了人们更高的期望值，对工业发展的影响也在不断蔓延。例如，富士通金融服务报告（富士通，2016）表明，如果没有提供最新技术的话，39% 的英国居民会考虑放弃他们现在的供应商。与此同时，加特纳（2016）的最新报告也指出，到 2019 年年底，25% 的零售银行将起用新兴的供应商，从而取代传统网上银行系统，而 IDC（2016）2016 全球首席战略官议程的预测中强调"各行业内前 20 家公司，有三分之一在未来的五年内将会被新的竞争对手打败。"新消费期望的蔓延对健身行业的影响，会不同于其他行业吗？那是不可能的，当今世界，数字化在健身行业中的重要性，就像其他任何行业一样，不管企业是否有壮大的野心，都必须要进行数字革新，这是生死攸关的大事。

消费者期望值的巨大转变需要重新考虑客户体验（CX）该

如何设计，以及企业应如何经营并维系客户。健身行业的专业人士如何借助数字化技术，通过各个渠道随时随地提供整体性服务，不管是否借助器材，这是必须达成的一个转变。这里我们要强调下“整体性”，因为采取零碎的方式没有用。

技术必须灵活地运用，从而保证用户在银行、购物、医疗和物流体验等方面接受的相关服务都能有彻底性的改变。即使现在有人质疑数字化是商业模式相关性和高端客户体验的关键这一论点，请记住，还有很多人认为这中间依旧有很大的机遇。参考福里特斯的研究报告《数字业务的状态》，全球高管们乐观地预测，在 2020 年他们近一半的收入，都将由数字驱动，那还有不到三年的时间 。

事实上，将技术工具运用到客户体验上，是推动工业增长所需的真正创新的一个重要方面。这个观点在 Europe-Active 2016 年刊发的《通过创新实现健身行业成长》（米德尔坎普和罗格斯，2016）一书中有广泛讨论。

简单策略

与当地公司建立以共同红利为目标的伙伴关系

越来越多的公司开始资助健身设施的使用，你可以自己去接洽当地的企业，或是加入国际性的中介服务，他们能够跟国际化的公司打交道，让这些公司的员工能够按照政府补助后的价格使用相关的健身俱乐部。

第 6 章中提到，“深入了解客户新出现的需求，对未来的成功而言是至关重要的，不幸的是，很多从事健身行业的同仁都认为新奇就是创新，但他们很快就会发现这样想是大错特错的。”数字化越来越能决定消费者如何评价客户体验，这一点是无可辩驳的，因此没有数字成分的客户体验和客户经营可能会面临失败，不管是对健身行业，还是对很多其他行业而言。客户体验是竞争优势的基石，而现如今，数字化又是高质量客户体验的核心，这就是数字化如此重要的原因。

7.3　数字化时代客户经营该如何自处

正如这本书的其他撰稿人所证实的那样，客户经营是指随着时间的推移，一个消费者直接或间接地与某个公司进行互动的次数。它包括在消费之旅中发生的所有互动，交易之前、期间或之后，不管是通过电话、在线网络、文本、移动可穿戴设备或是面对面完成的沟通都包括在内。它是根据客户交互定义的，不依赖于特定的交易，例如在社交媒体支持或批评某项服务，或在可评论网站上发表评论等。

客户经营跟客户体验的区别在于所涉及的时间间隔的差异，客户经营是一个持续参与的过程，而客户体验则相反，仅发生在某一特定时刻。微观上的差异是，客户经营是一种积极主动的营销策略和手段，没有客户经营策略，就无法创造出新的客户体验。客户经营策略为客户体验的发生创造了更多的机会，如果一家公司没有创造与客户接触的机会，那么购买产品或服务的体验可能根本就不会发生。

客户经营与客户体验的区别在于所涉及的时间间隔的差异，客户经营是一个持续进行的过程，而客户体验则相反，仅发生在某一特定的时刻。

这些经营手段是积极主动的，目的是接触到客户，从而引导他们开始购物过程，它们的范围涵盖了传统品牌认知活动、忠诚度回馈活动和推广活动等。企业不用等到客户开始行动时再做客户经营，他们可以先去接触客户，继而引导他们购买，建立品牌认知度，征求反馈意见，收集客户信息。

健身品牌从未有过如此好的处境，可以通过新技术建立与潜在客户或现有客户之间的有效接触，但令人惊讶的是，许多品牌都忽视了这一点。我看到大部分健身俱乐部都忽略了他们的Swarm 应用程序，就算人们在这里发表了几十次积极的观点，并分享给成千上万的网友，也从来没有人感激或认同过他们，这真的是浪费了大好机会啊！通过互联网和数字平台对大量健身相关活动进行识别、分享和有预期的经营，这些潜能是巨大的，遗憾的是，只有少数人在做这些。

改善客户关系和体验将驱动客户的忠诚度，然而，虽然很多公司认识到了采用战略性方法进行客户经营非常重要，但是他们在整个消费过程中，往往并不真正了解客户。实现客户视角的单一化带来了许多技术上的挑战，为了提供个性化和关联化的沟通，企业需要技术、整合、客户洞察和公司透明化，从而最大限度地提高客户的终生价值。

7.4 技术如何改善客户体验

技术如何改善健身行业的客户体验呢？要了解如何改善，必须先弄清楚，什么是客户体验（CX）。鉴于本书中其他部分提到的，一些先进思想家的观点，客户体验也被称为用户体验（UX），是一个人跟某个特定品牌进行交互的全部过程中，体会到的所有感受。客户体验考虑到了交互的内容和体验，消费者对产品功能、易用度的感知 ，以及在整个消费过程中情感上的愉悦或失落，它是对时间的瞬时体会，是片刻的期望，以及对当下的记忆。

这具体是指，按照本章末尾部分概述的更多细节，将关键的数字思维、趋向和工具整合在一起。一个很好的例子就是传感器，或者说更常见的可穿戴技术及其相关平台。经常有人提出，如何将这些新技术纳入健身设施中，再重申一遍，以一次性的方式纳入技术是不可行的。

必须要考虑一个问题，即我们要创造什么样的体验，以及如何运用工具解决这个问题。这适用于所有客户体验和客户经营。技术只是一个工具，如何高效使用这些工具，还要归结到一个人的想象力和视野，毕竟那属于创新思维的范畴。

客户体验是长期商业模式成败与否的关键，不同组织通过对数字技术的轻松利用，可以有效增强客户体验。现有的企业在利用数字技术重新定义自己的运营模式时，面临着巨大挑战，这通常被称为数字转化进程。很多传统型企业的架构都非常分散，要么按照功能性分块，要么按照非功能性分块，例如，有些可能分为市场营销、销售、客户服务和执行部门。

各有不同的职能，也经常会发生冲突。当不同的部门基于不同的业绩指标和独立系统各自运作时，要实现一个无缝衔接的完美客户体验是非常困难的。70% 的数字化转型举措，会因为缺乏部门间协作、整合、采购和项目管理而最终功亏一篑。因此，与更加成熟的公司相比，新加入者不会像传统业务体系、思维模式或操作流程那样，被冗杂的内部架构拖累。

7.5 技术如何改善客户经营

运用技术改善客户经营有几个基本途径，下面详述 3 个关键点。

1. **一致性：**所有数字通信渠道都应该保持外在、风格、信息和体验上的一致性。一致性，并不意味着完全相同，举个例子，通过在线聊天、互联网平台、设施体验、网站自助服务或基于文本的服务，来交付一个完全相同的体验，就算并非不可能，这也是非常困难的。不过，一流的品牌，要做就要做到最好。我们的目标是每个渠道

简单的策略

与当地零售商合作，为会员提供折扣优惠

会员经营的一个非常好的方法，就是为会员制定一个购买计划，跟当地零售商协商好，健身中心会员购买商品或服务时，出示会员卡可以享受 10% 的价格优惠。

提供相同程度的感觉、反应和信息，并跨渠道提供一致的答案，这意味着所有的经营渠道都必须利用相同的信息基础和客户资料。

2. **连续性：**客户和潜在客户应该能够无缝地跨设备和跨渠道继续完成某项流程，如果他们从一种设备转换到另外一种设备，无需从头开始整个流程。越来越多的客户希望实现这种跨设备和跨渠道的连接。最好的做法就是，使用一体化的客户关系管理系统和数字互动平台解决方案。

3. **定制化：**一个适用于所有客户经营的方法，看上去可能很便利，也是大家都能负担得起的，但最终，它们可能不是最有效的。客户希望商家能够了解他们的需求，基于特点进行不一样的互动。客户经营的最佳渠道和方法并不一定是最便宜的，但一定是在客户寻找信息时就能正好提供的那一个，也正是客户期望和需要的。因此，在进行客户经营时，要知道你是在经营谁，要定制化你的经营方式，使你的经营更具相关性和更有价值。

运用技术改善客户经营有几个基本方法，下面是三个关键点：一致性、连续性和定制化。

在当今的新消费时代，健身行业在观察主流趋势时，必须确保自身跟数字技术和新思维的紧密联系，下面列举了关于客户经营和客户体验的 7 个相关方面，健身界领军人物和职业健身专家应该将其谨记于心，因为它涉及到数字技术。

1. 从**客户旅程地图**开始：客户旅程地图是一种能够帮助您描绘客户体验和客户经营的工具，一种理解他们在互动中做什么、想什么的整体方法。当你面对这张“旅程地图”时，你有许多问题需要回答，你对客户了解的越少，就越需要规划他们的消费之旅，这个问题看上去似乎完全无从下手。

   从现有的东西开始，回过头去理解客户的行为，本文概述了新数字消费时代客户之旅的 5 个基本原则和 5 个高级原则：5 + 5 提示开始绘制数字客户旅程地图。

2. **移动设备：**智能手机正在成为客户互动和获得服务的重要手段，在英国、丹麦、荷兰、意大利和西班牙等国家，30% 的电子商务交易都是在手机上进行的（2016），并且这个比率还在快速增长。作为健身行业要与移动设备相关联，必须要支持现有和潜在会员通过手机以多种方式进行交易、安排训练和沟通。移动设备一定是客户旅程地图绘制的主要努力方向，同时也是客户经营和客户体验的一部分努力内容。

3. **社交媒体互动：**现在的市场营销，就是通过社交媒体来了解客户体验和消费者，当客户觉得体验很棒或是很糟糕时，他们心里具体是怎么想的。到 2019 年，欧洲将有一半以上的人利用社交媒体网络，而目前不同国家的社交网络覆盖率也不尽相同，荷兰、意大利和英国算是西欧国家中社交媒体使用率最高的几个了，这些国家至少有 69% 的互联网用户会经常访问社交媒体（电子市场分析，2016）。许多不能在社交平台上进行的活动，可以通过广播进行内容推送。跟他们交谈，确定用户群体和他们的期望，是当今时代有效进行客户经营的关键，引人入胜的谈话内容会更加有效。

4. **无处不在：**全天候允许访问，24 小时为客户提供服务的数字平台正在逐渐成为新的标准，综合器械运动和无器械运动的健身体验也逐渐成为人们的预期，数字新平台能够确保优质的服务内容和经济实惠的健身体验。新产品，包括网络健身教练、流媒体课程和其他健身服务都将出现，以解决这些客户问题，随时随地精准对接他们

简单策略

客户想要更多的选择

我们的线上思维想要从一件事情转移到另一件事情上，选择我们喜欢的，忽略我们不喜欢的，线上购物现在已经可以做到为客户的选择和多变的期望量身定做了，也就是说，让他们买自己需要的，根据自己的便利选择支付方式。而线下的服务行业，也可以参照这个路线，传统的会员制模式不再能够满足消费者的需求，所以应该要考虑分类提供服务，提供随机混合型会员资格，线上和面授结合的灵活型服务等。

的需求。人工智能和机器人平台的出现，将创造通过即时通信应用程序交付给客户的个性化交互的潜能（《经济学人》，2016）。想象一下，我们可以拥有一个非常个人化的健康顾问，可以通过人工智能代理查看我们的数据，并时时鼓励我们，为我们提供健康指导和健身建议，那将是一个怎样的世界啊！好消息是，健身界最伟大的产品和服务还没有开发出来。

5. **万物互联：** 预计到 2025 年，物联网（IOT）将接入 270 亿个连接设备、可穿戴设备、传感器和跟踪设备等，它们不仅是客户体验领域的一部分，也是建立优质可持续的健身行业商业模式的关键组成部分。万联网（IOE）将超越物联网（IOT），把人、工序、数据都融合到一起，将信息转化成创新能力、丰富的经验和商业机遇，这使得网络连接更具相关性，也更有价值。在最近的世界经济论坛上，约翰 · 钱伯斯认为“2024 年年底，万联网（IOT）将创造 19 万亿美元的价值和成本的节约”，最大限度地提高能源设施的使用，了解设备何时需要维修，当客户走进健身中心时，通过检测传感器为其做设备使用登记，这样的生态系统都将成为可能。这些工具既可以降低劳动力成本，提高效率，也可以推出全新的商业模式，并能够像前面描述的那样，通过数据的采集和智能应用，个性化地经营客户。

6. **综合运营平台：** 有效执行客户体验的数字化进程，需要做平台的投资，启用数据集成对客户体验进行有效管理。如前所述，传统型企业在努力重构客户体验方面的主要障碍是他们孤立的体系。当新的健身概念融入像 SoulCycle 这样的健身企业时，他们就会开始设计他们的第一个移动端应用程序和平台，由于一开始就选择设计集成操作平台，他们能创造出一种杰出的客户体验。这是一个明显的竞争优势，从而 SoulCycle 创造了一个高度以用户体验为中心的客户经营理念，通过移动应用程序和众多教练的流媒体音乐播放列表来增加服装销售量，并与在线课程预约一起完成。作为本书主要的数字技术例证，像 SoulCycle 这样的“数字大师”将从收入和盈利的视角引领他们的同行。当然，情况是，因为 SoulCycle 从它的每一个工作室都抽取了 53% 的营业利润率，这使得它成为了当今最赚钱的健身商业模式之一。

7. **这不仅是技术：**2010 年 iPad 的发布会上，史蒂芬・乔布斯站在带有路牌标志的大屏幕前面，引用了技术和文科的交叉理论，他说：“从苹果的开发历程来看，技术是远远不够的，它的技术需要跟文科结合在一起，跟人文科学结合在一起，这样才会产生能与我们的内心产生共鸣的效果。”太多的公司走上了以技术或功能为中心的设计之路。布莱恩 ・ 索利斯将这一过程描述为，过多的重心放在所有媒介的技术开发上，却没有扩大平台优势以提供所需的整合体验。

为了客户体验的完美，与每一个客户接触点（不管是实际接触，还是数字接触）的每一次交互，都必须是特殊的，当然也必须是整合的。这通常使得员工培训、周密的设计以及任何事情都是一种意义深远的文化。换句话说，整个团队必须共同努力，利用所有可用的工具，交付卓越的客户体验和高品质的客户经营，数字技术是实现这一目标的关键部分。

为了客户体验的完美，与每一个客户接触点（不管是实际接触，还是数字接触）的每一次交互，都必须是特殊的，当然也必须是整合的。

7.6 小结

为了帮助健身行业完成数字的客户经营和客户体验之旅，支持“技术如何帮助健身专业人员改善和提高客户经营和客户体验”的评估，请查看以下资源。

1. **健身 + 技术播客：**在 iTunes 上，能够找到 Sticher 和其他的播客平台，这个播客资源是 2016 年发布的，由我公司（包括 Vedere Venture 和健身产业技术委员会）垫资投放。该项目采访了健身行业的全球领导者，引进并使用了新的、有趣的技术。

2. **必然发生：**《理解塑造我们未来的 12 种技术力量》凯文·凯利在他 2016 年出版的书中，分享了未来 30 年内将要发生的很多事情，称之在现有的技术趋势驱动下必然发生。在这本引人入胜、充满争议的新书中，凯文提供了一幅通往未来的、积极的路线图，展示了我们生活中即将发生的变化，从家庭的虚拟现实到随需应变的经济，再到嵌入我们所制造的一切物体中的人工智能，这一切都可以理解成一些长期的、加速的力量导致的结果。

3.《**X：当商业遇上设计的新体验**》在他的新书里，作者布莱恩・索利斯分享了“为什么好的产品已经不足以赢得客户的青睐”，“为什么创新性营销和愉快的客户服务也不足以取得成功”，在这本书里，他分享了为什么未来的商业是体验式的，如何创造和培养有意义的体验。

4. **布莱恩・O・卢克供稿：**紧随技术、商业模式演变、经济、客户经营和客户体验的最新趋势，这其中涉及了许多行业，但主要还是我的各种社交媒体账户上分享的那些关于健康和健身的内容，包括推特账户 @BryankORourke、Ins 账户 @BryankORourke，以及其他平台，例如领英、Slideshare、Facebook、谷歌和色拉布。查找“Bryankorourke”你就会找到关于这些以及其他趋势的最新信息了。

7.7 参考文献

CNN (2016). Amazon Opens a Grocery Store With No Check-Out Line, CNN Tech, December 2016.

EMarketer (2016). Social Penetration Rates Across Europe.

IDC (2016) CIO Agenda 2016 Predictions.

Internet Retailer (2016). The Impact Of Amazon Alexa On E-Commerce, Internet Retailer, December 2016 .

Gartner (2016). Market Guide for Open Unified Digital Banking Platforms.

Global IOT, Machina Research.

Middelkamp, J. and Rutgers, H. (Editors) (2016). Growing The Fitness Sector Through Innovation, EuropeActive 2016.

The Economist (2016). Bots the Next Frontier.

Twenga (2016). E-Commerce in Europe 2016, Twenga Study.

What Is Digital Transformation, The Enterprisers Project.

关于作者

雷·阿尔加（Ray Algar）

雷是氧咨询（Oxygen Consulting）公司的总经理，这是一家总部设在英国，对全球健康和健身行业相关的组织提供商业战略见解的公司。他是十本健身行业战略报告和书籍的作者，这其中包括最近的英国精品健身工作室报告。

雷是一个受人尊敬的健康与健身行业的独立评论人，他的很多评论经常被国际媒体引用，他还经常受邀主持很多具有前瞻性和富有创见的研讨会。

拉杰什·博斯（Rajesh Bose）

拉杰什是德勤咨询德国的合作伙伴，专门从事航空业和客户体验方面的研究，2014 年，拉杰什加入了德勤监控，负责在德国的航空实践和客户体验。在加入德勤之前，拉杰什是一名管理顾问，在一家美国管理咨询公司供职，后来，他担任了行业内数个领导职务。除了在航空行业方面的专业知识之外，他的职能还主要集中在战略、客户体验、组织和转型等领域。

他的学术背景是曼海姆大学曼海姆工商管理学院（德国）以及女王商学院（加拿大）工商管理硕士，埃斯林根大学（德国）应用科学学院产业经济学学位。

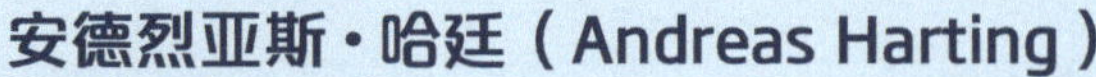

安德烈亚斯·哈廷（Andreas Harting）

安德烈亚斯是德国德勤数字有限公司的总经理和联合创始人，该公司主要致力于公司建设和数字化转型。安德烈亚斯有二十年的创业、运营和咨询经验，涵盖范围从投资到扩大业务，再到跨国公司的全球领先举措。

在加入德勤之前，他是一名活跃在数字化空间领域的投资者和企业家，他曾担任瑞士工业集团丰罗的首席执行官和执行董事，高新技术产业集团欧瑞康全球行销的副总裁，再往前追溯，他还曾在天联广告公司担任经理，在强生集团做过产品经理。

在拜尔斯多夫和波士顿开始职业生涯后，他还联合创办了一个在德国屡获殊荣的媒体，后来将其转卖。他主要致力于全球市场和销售、业务与数字化转型和变革管理，安德烈亚斯拥有欧洲高等商学院的商业学位，完成了斯坦福大学商学院 SEP 学位深造。

路易斯·韦特（Luis Huete）

路易斯 · 韦特拥有法律学位，西班牙 IESE 商学院工商管理硕士学位，以及波士顿大学工商管理博士学位。他曾是一名富布莱特学者，并且他的商业银行服务策略研究论文还被决策科学研究院授予 1988 年度最佳论文奖。

他在哈佛商学院做研究员，从事科学材料开发研究，并参与了贝尔通信公司赞助的研究项目。

自 1982 年以来，他一直是西班牙 IESE 商学院的教授，曾在哈佛商学院教授突破性服务和高级管理课程。作为客座讲师，路易斯经常参加很多一流商学院的高级管理课程，此外，他还与 ISS（丹麦）、宏盟集团（美国）、OMG（英国）、西班牙电话公司等企业的企业大学经常合作。

他是一些研讨会和行业聚会的常驻发言人，为五大洲 70 个国家的 700 多家公司高层管理团队提供培训和咨询服务，其中有一半以上都是西班牙 Ibex35 股指上市的公司。路易斯是国际管理学院的副校长兼财务主管，他还在很多公司的董事会任职，如泰国的 Epikurean Resorts and Lifestyle 和西班牙的 Altia，此外，他还从属于爱迪思研究所（美国），立德（Lid）出版社和 Chef Sandoval（米其林两星餐厅）餐饮集团的咨询委员会。路易斯也是现代艺术基金会 NMAC 和真正梦想基金会的赞助人，他以前是六感度假村和水疗（泰国），Corporaci ó n Financiera Arco 和西班牙的 PortAventura 公司的董事会成员。路易斯是一位出版了 12 本管理类书籍的作家。他会定期在商业刊物上发表文章，路易斯和他的妻子玛利亚，还有他们的 4 个孩子现在住在马德里。

简·米德尔坎普（Jan Middelkamp）

简获得体育教育学学士学位后，从乌特列支大学获得了体育运动和健康专业的理科硕士学位，他最初是一名柔道教练，是荷兰国家柔道队的成员。简负责经营 Fit-Care 俱乐部，担任特许部经理，Fit-Care 是荷兰最早的特许经营连锁店之一，他负责荷兰和比利时莱美（Les Mills）的推广。

简还是荷兰 Fitness First 首席运营官，是 HDD 集团的商务总监和股东，HealthCity & Basic-Fit 国际的首席运营官和商务拓展总监。自 2009 年起，他担任 HDD 集团首席执行官，简目前是 HDD 集团的开发总监，黑盒出版社（BlackBoxPublishers）的首席执行官，EuropeActive 的董事会成员。他正在荷兰拉德堡德大学行为科学研究所攻读运动行为学博士学位，他已经出版了 20 多本著作。

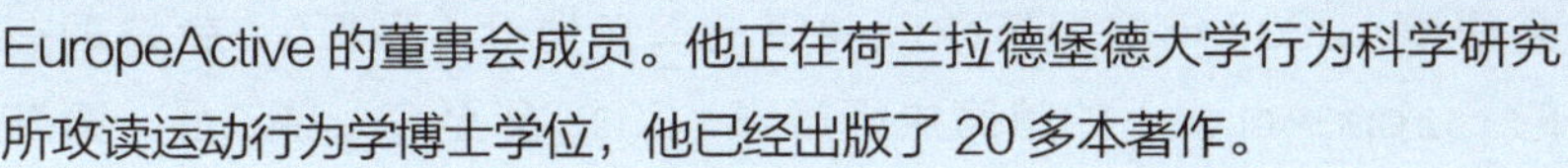

布莱恩·欧·洛克（Bryan O’Rourke）

布莱恩（工商管理硕士）是健身行业的技术委员会主席，Integerus Advisorsis 的首席执行官，Fitmarc 和飞轮集团的首席战略官。这些企业一共向美国输出了 800 多个健身设施，数十个全球性的组织和超过 5 000 名专业健身教练。

布莱恩是一名企业家、顾问、执行官和投资者，拥有 30 年的成功经验。作为一名前俱乐部老板，布莱恩在俱乐部和健身行业工作了 18 年，国际健康体育协会任命他为 2013 年度最杰出的健身从业 13 人之一。

他曾在四大洲的工业和企业会议上发表演讲，并被广泛发表和引用在 Inc、Magazine、华尔街日报和纽约时报等期刊上。

赫尔曼·罗格斯（Herman Rutgers）

赫尔曼是一位拥有超过 40 年国际业务管理经验的国际管理人员，其中有 20 多年是在健身行业，他的职业版图遍布多家跨国公司，包括桂格燕麦、阿克苏欧加农、犀飞利笔业、王子 / 贝纳通体育运动集团（Prince/Bennetton Sportsgroup）和布伦锐克 / 健身生活（Brunswick / Life Fitness），他在这些公司担任全球行销执行副总裁，做了 7 年的销售和服务工作。

2001 年他创办了自己的公司，全球发展伙伴（Global Growth Partners），通过这家公司，赫尔曼还以董事会成员、顾问和投资者等身份参与了几个公司的运营，其中有一些是健身行业。

从 2004 年到 2007 年赫尔曼担任国际健康体育协会欧洲分会理事，2007 年他担任欧洲健康与健身协会（EHFA，就是现在的 EuropeActive）的首席执行董事，2013 年至今，赫尔曼一直在 EuropeActive 董事会效力，他主要负责活动和市场营销探索。2016 年，他加入了在证券市场上市的 Basic-Fit，那是一家欧洲领先的连锁俱乐部。此外，他还是一个非常受欢迎的行业活动演讲者和主持人。

关于 EuropeActive，健康基金会和黑盒出版社

EuropeActive

EuropeActive 是总部设在布鲁塞尔，代表全欧洲的健康和健身行业领先水平的非营利性组织。欧洲健康和健身行业协会服务超过 5 240 万消费者，创造了267亿欧元的收入，员工约650 000人，拥有健身设施约 512 000 件。除了其重要的经济贡献外，该组织致力于创造一个更加积极和健康的欧洲，在这中间发挥了重要的作用。 EuropeActive 旨在与欧盟和其他国际组织合作，实现其目标：

多参与 | 更积极 | 更频繁

EuropeActive 还是一个健康和健身行业标准的制定机构，推动最好的运动指导和训练实践，其最终目的是提高服务质量和客户体验，优化健身效果。EuropeActive 目前在 21 个国家的健身协会投放了约 25 000 个健身设施，一个会员身份可以在欧洲 25 个国家通用。会员福利向所有利益相关者开放——包括公共的或私人的——包括运营商、供应商、全国协会、培训机构、高等教育和认证机构。

EuropeActive 完全支持欧盟终身学习计划的战略原则和目标，我们的使命是鼓励人们去拥有一个终身积极的、健康的生活方式，我们通过以下努力实现我们的美好愿景：

建立并扩大人们对日常体力活动健身益处的认知，同时让他们了解不运动的代价和后果，支持网络化，促进行业、学术、政府和民间组织的共同协作，从而能够鉴别出共同的挑战和机遇；

致力于产品和服务的开发，才能确保每个人都有一个良好的环境，培养自身的技能、信心和一个身心平衡的健康体魄；

确保在健身运动、体力活动和养生方面，都能有一个高质量的标准，让使用者享受安全有效的锻炼之旅。

健康基金会

健康基金会正在发展并分享健康生活方式的好处，该基金会是由亚历山大（泰诺健的创始人兼总裁）2003 年创建的非营利性组织，它的根本宗旨是综合日常体育锻炼、膳食营养和积极的心理疗法，培养、推广和分享健康幸福的生活方式。

健康生活方式的益处与人类息息相关，主要体现在非传染性疾病的防治和更好的生活质量方面，对于公司，这可以使员工更健康、更有创意，也因此更有生产力，政府具有节约大量医疗保健费用资源的能力，在预防管理过程中，可以致力于发展、提高和创造更多的就业机会。

自 2003 年起，健康基金会就一直在运作养生谷 Romagna Benessere 项目，一个在意大利罗马涅地区建立的新提案，罗马涅是世界上第一个对养生和生活质量有更崇高认识的地区。健康谷是一个很大的具有教育性和社会性的项目，涉及到位于意大利东北部地区的超过 1 100 000 个居民，它跟很多公共的和私人的机构、公司、医生、卫生部门、非营利性组织、大学、企业家以及旅游行业都有着密切的联系。

黑盒出版社

BlackBox Publishers

黑盒出版社（BBP）是一家涉及体育、健身和健康领域书籍和电子书的出版社。BBP 由琼丹 · 斯蒂恩伯根博士（研究员），皮特 · 冯丹 · 德 · 斯蒂格（设计师和在线营销专家）和简 · 米德尔坎普（研究员）于 2012 年成立。

黑盒出版社创立的宗旨是通过推出有专家提供指导的高质量的书籍和电子书，以教育和激励行业发展，改善全球的体育运动、健身和健康行业的质量。

黑盒出版社是 EuropeActive 的出版合作伙伴，并且已经出版了很多书籍，包括《全球健身产业研究现状》（英语、德语、荷兰语）（2012）；《健身俱乐部会员维系》（英语、德语、荷兰语）（2013）；《健康与健身的前景》（2014）；《EuropeActive 的动力和行为改变要点》（英语、德语、荷兰语）（2015）；2013 年、2014 年、2015 年、2016 年和 2017 年的《EuropeActive 保留报告》。

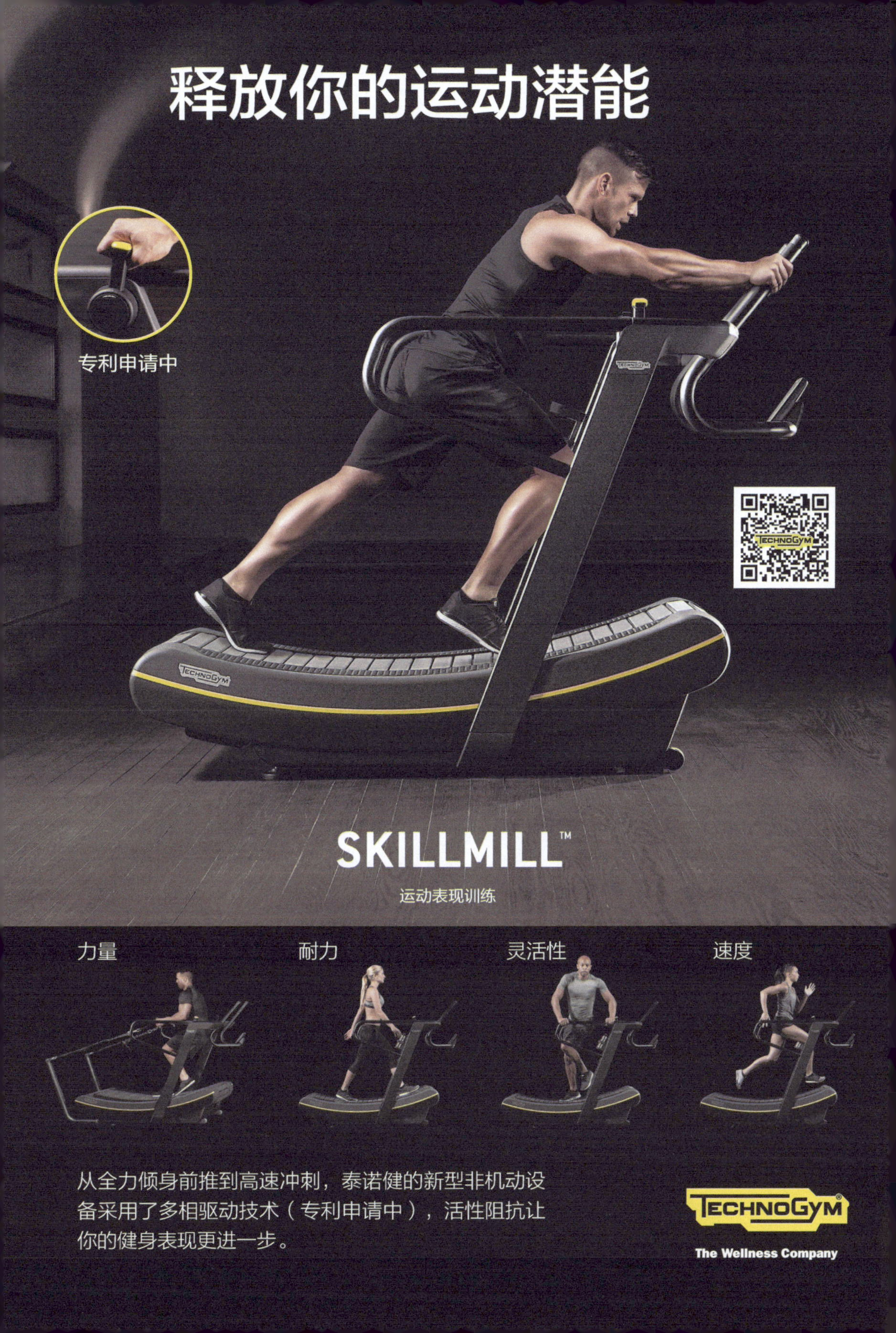

释放你的运动潜能
专利申请中
SKILLMILL™
运动表现训练
力量
耐力
灵活性
速度
从全力倾身前推到高速冲刺，泰诺健的新型非机动设备采用了多相驱动技术（专利申请中），活性阻抗让你的健身表现更进一步。
TECHNOGYM
The Wellness Company